故宫织绣的故事

殷安妮 著

Stories of Embroideries in the Palace Museum Collection

故宫出版社

目录

唯九五之尊　示皇权威严

——清宫皇帝礼服与吉服

故宫博物院收藏的清代帝后服饰是世界上最为完整的帝后服装体系。皇帝的礼服和吉服是清代舆服制度之首，为最重要的服饰。拘于文物本身的特性，普通的服饰爱好者直观文物、了解细节的机会太少，对清宫服饰的认知多源于影视作品。笔者认为，断不可以影视剧为资料证史，故在此列述诸多皇帝礼服、吉服细节，以正视听。

清朝是中国最后一个封建王朝，在政治、经济、文化等诸多方面都达到了鼎盛。作为清代政治制度之一的服饰制度，其体系浩大繁琐，制度严格规整，超越了之前的历代王朝，在中国服饰史上占有极其重要的地位。以皇权至上为特征的清代宫廷服饰制度，是清代服饰等级最高、品种最多、品质最好的服饰体系。在清代服饰制度中占有核心位置。

有清以来，服饰制度被作为“立国之经”，受到历朝皇帝重视。崇德元年（1636年），皇太极曾经对提议服装改制的臣子说：“先时儒臣巴克什达海、库尔缠屡劝朕改满洲衣冠，效汉人服饰制度，朕不从，辄以为朕不纳谏。朕试设为比喻，如我等于此聚集，宽衣大袖，左佩矢，右挟弓，忽遇硕翁科罗巴图鲁劳萨，挺身突入，我等能御之乎？若废骑射，宽衣大袖，待他人割肉而后食，与尚左手之人，何以异耶！”崇德二年（1637年），皇太极再次谕旨：“我国家以骑射为业……服制者，立国之经。朕欲尔等时时不忘骑射，勤练士卒。凡出师、田猎许服便服，其余俱令遵照国初之制，仍服朝衣……使后世子孙遵守，毋变弃祖宗之制耳。”由此可见，清代皇帝非常重视继承满族服饰制度。

体现在服饰的细节上，是其必须遵守严格的等级制度，要适合野外游牧、征战生活的实际需要。因此，清代早期、中期的服饰形制、款式都追求装饰简洁，穿脱方便，便于骑射，严实保暖。继承和整肃本民族的服饰体系，不仅符合北方游牧民族生存的需要，更是其建立和巩固一个以少数民族为统治者的新政权的必要手段。

故宫博物院收藏的清代帝后服饰是世界上最为完整的帝后服装体系。从朝代延续上说，从皇太极到溥仪，每个皇帝的服饰都有。从典制上说，有礼服、吉服、常服、行服、戎服、雨服、便服等。从材质上说，有皮、绵、纱等。从织造工艺上说，有织锦、织金缎、织金绸、妆花缎、妆花绸、妆花纱、缂丝、缂金银、缂丝加绣等。从刺绣工艺上说，有平金、缎绣、绸绣、纱绣、纳纱、缉线绣、缉珠绣等。从穿着人说，从皇帝礼服到太后、皇后日常服饰，从皇后嫁衣到婴儿小衣、尿片，一应俱全。可以说，清代帝后服饰代表了当时全国乃至世界服饰业最高水平。

多年来，业内对于帝后服饰制度的研究深入且广泛，成果显著。但文物自身特性所造成的局限，使得对服饰细节的考量往往被人忽视。而一些影视剧展示帝后服饰出现的诸多谬误，则以讹传讹，以谬传谬，误导了社会公众的认知。造成这种状况的原因，一则，服饰制度的重要是不言而喻的，但是从制度入手研究服饰的众多学者，往往忽视细节。二则，真正接触到大量服饰文物实物的人极少，众多清宫服饰爱好者缺乏对实物细致观察、仔细研究的必要条件。三则，由于服饰类文物需要防霉、防潮、防紫外线的特殊性，不可能像陶瓷、玉器等器物一样长期展览，因此观众可以看到的服饰展览非常少，多数观众只能从影视剧认识清宫帝后服饰。

笔者曾多年管理故宫博物院帝后服饰库房，有幸近距离观察皇帝服饰文物细节，希望将所见坦述于众，在此与读者分享皇帝礼服、吉服的精致以及诸多细节。

一、皇帝礼服

皇帝礼服包括：朝袍、端罩、衮服、朝珠、斋戒牌、朝服带、朝冠、朝靴八类，分为冬、夏式，共二十余种。

（一）朝袍

朝袍（图1）是皇帝的礼服中最重要的服

图1 清人画《弘历朝服像》

饰，从形制、纹饰、用色等方面，着重强调了清代统治者“贵贱有级，服位有等”的专制集权理念。《大清会典》规定了皇帝冬朝袍两款、夏朝袍一款。值得注意的是，在清宫中称为“朝袍”的，坊间称为“龙袍”，而宫中称为“龙袍”的，则是吉服的一款，两者的形制相去甚远。朝袍的形制是圆领、有披领，大襟右衽、马蹄袖端、上衣下裳式袍服，腰间是腰帷，腰帷以下是襞积式的裳。

朝袍用于登极、御殿、文武状元金殿传胪、阅奏书、阅时宪书、颁诏受贺、上皇太后徽号、进册宝、四孟（孟春、孟夏、孟秋、孟冬）祫太庙、大婚、受降、朝会、“三大节”（元旦、万寿节、冬至）等重大典礼，以及岁暮夹祭太庙、太庙亲诣行礼、天坛祭天、祈谷、雩祀、地坛祭地、日坛朝日、月坛夕月、祭先农坛、祭社稷坛、祭先师孔子、坤宁宫祭神、祭历代帝王庙、入斋宫、祭堂子、祭文昌庙、祭白马关帝庙、接皇后神牌入太庙等朝祭政务活动。

《大清会典》规定了皇帝朝袍的图案。肩、胸、背饰柿蒂纹，取其世世平安、江山稳固的寓意。唐代段成式在《酉阳杂俎》中曾简述了柿树“七绝”，即多寿、多阴、无鸟巢、无虫蠹、霜叶可赏玩、嘉实可食，以及落叶肥大可以临书。朝袍前后身饰正龙、行龙九尊，以示九五之尊，全身各部位共饰金龙四十三尊。下幅饰海水江崖纹饰，称为“平水”。皇帝的朝袍饰有十二章纹饰（图2），是皇权的象征，其他人不可用。作为皇权的象征，十二章纹在中国服饰史上并不鲜见，只是各个朝代在形状、数量上并不一样，清代皇帝所用的十二章纹饰是最为华丽、丰富的。

皇帝的礼服颜色不止于黄色，要根据所事政务使用。一般需要穿礼服的朝政场合，皇帝着明黄色礼服（图3）；祭天时着蓝色礼服（图4）；祭日时着红色礼服（图5-1）；祭月时着月白色礼服（图6）；祭地时着黄色礼服（图7）。需要注意的是，皇帝办理朝政所着明黄色的礼服，是有石青色接袖的（满语称作“赫特赫”），而祭祀时所着礼服是没有石青色接袖的。

清宫皇帝朝袍都是圆领，没有立领，更没有黄色或红色立领上刺绣金龙的。朝袍的披领又称为“扇肩”、“大领”。披领面饰相向行龙两尊，里子用大红色织金缎，没有其他颜色。所用金线有片金和捻金之分，在各朝有所不同。

朝袍的衽，位于前身右侧腰帷下，矩形，面饰正龙一尊，其作用是“别尊卑，彰有德”，是皇帝礼服的象征（图5-2）。

朝袍的掩襟继承了汉族服饰的传统。自古汉族的礼服是有掩襟的，而便服（亵服）是没

图2 十二章纹饰

《旧唐书·舆服志》："夫日、月、星辰者，明光照下土也。山者，布散云雨，象圣王泽沾下人也。龙者，变化无方，象圣王应机布教也。华虫者，雉也，身被五采，象圣王体兼文明也。宗彝者，武蜼也，以刚猛制物，象圣王神武定乱也。藻者，逐水上下，象圣王随代而应也。火者，陶冶烹饪，象圣王至德日新也。米者，人恃以生，象圣王物之所赖也。黼，能断割，象圣王临事能决也。黻者，两己相背，象君臣可否相济也。"

图3 明黄色缎绣金龙貂皮镶海龙皮边朝袍

图4 宝蓝色缎平金彩绣龙朝袍

图5-1 大红色缎绣彩云水金龙染银鼠皮边男夹朝袍

图5-2 大红色缎绣彩云水金龙染银鼠皮边男夹朝袍（局部）

图6 月白色纱织金过肩龙夹朝袍

图7 黄色缎绣彩云金龙夹朝袍（背面）

3	4
5-1	5-2
6	7

有掩襟的。清代统治者为了维护其统治，在满汉服饰文化的交融中，取其有益，为己所用，是不可避免的。

同样，朝袍腰帷以下的裳，也是汉民族传统服饰的细节，体现的是“君君臣臣、父父子子”不可错乱的封建等级观念。裳的襞积就是腰帷下密集均匀的细褶，是有别于丧服的特征。丧服的襞积只设于左右，而礼服和祭祀服饰的襞积，是环腰帷一周的。可见，清代皇帝礼服在形制上完全继承了中原地区皇帝朝服“襞积无数”的传统。

朝袍的上身后背正中领下约15厘米处和披领的里子相对的地方都设有“背云”，是两条明黄色丝绦缀背云宝盖、饭块珠和珊瑚缀角。

皇帝朝袍如果是夹的、绵的，其里子所用颜色是月白色，没有其他颜色，里子质地是暗花绫、素纺丝绸等。

马蹄袖（满语读作“哇哈”、“乞憨”、“乞杭”）的面是石青色的，上饰金龙一尊。马蹄袖的里子，都是用月白色素缎或素纺丝绸为之，没有黄色或红色缎刺绣金龙的马蹄袖里子。一般情况下，马蹄袖是被挽起，露出里子的，所以我们常见的马蹄袖端应该都是月白色的。只有行礼时放下，露出石青色饰金龙的面。马蹄袖端的宽度是有变化的，清早期、中期、晚期的尺寸是不同的。

朝袍的扣子是铜镀金錾花扣或者铜镀金光素扣，不用玉扣和盘扣。

秋冬季，朝袍外面可以套穿端罩或者衮服，将披领披在外面，朝珠也佩戴在外面。

（二）端罩

端罩是冬天穿着在朝袍外面的礼服，形制是圆领，对襟，袖端平而阔，左右开裾，开裾处各饰飘带两条，直身式褂（图8、图9）。清代服饰制度规定，端罩所用材质有黑狐皮、紫貂皮、青狐皮、貂皮、猞猁狲皮、红豹皮、黄狐皮七种。皇帝端罩等级最高，使用黑狐皮、紫貂皮。端罩里子都为明黄色，没有其他颜色。材质为素缎、暗花缎、江绸、暗花绫等。端罩的扣子

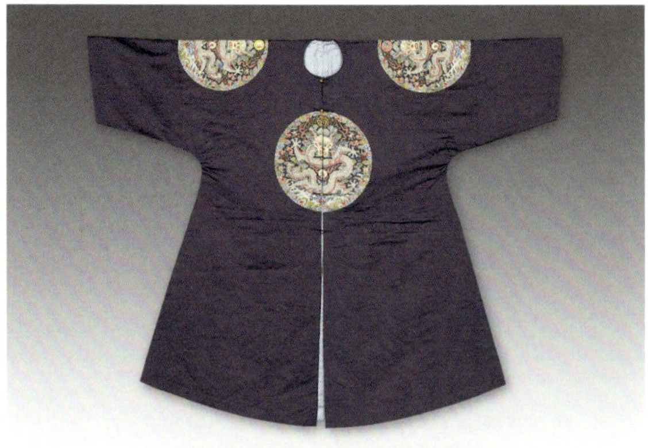

图8 明黄色绸黑狐皮端罩

图9 清人画《万国来朝图》（局部）

图10 石青色缎绣四团五彩云蝠缉米珠绵龙褂

8 | 10
9

也是铜镀金錾花扣或者铜镀金光素扣，不用玉扣、盘扣。

（三）衮服

衮服也是穿着在朝袍外面的礼服。在气候较暖，不用套穿端罩时，可套穿衮服。衮服有单、夹、绵等品种。形制是圆领，对襟，袖端平而阔，直身式褂（图10）。夹的或绵的衮服里子都是月白色的，质地是素缎、暗花缎、暗花绫等。扣子是铜镀金錾花扣或者铜镀金光素扣，不用玉扣、盘扣。皇帝衮服两肩和前胸、后背饰四团龙，间饰祥云，抑或杂宝、暗八仙等。两肩饰十二章纹饰中的日、月。在清宫，只有皇帝的四团龙外褂叫“衮服”，其他人等的四团龙外褂，去两肩日月，称为“龙褂”。

（四）朝珠

朝珠是皇帝着礼服、吉服、常服时御用。朝珠的形制是一百零八颗珠，用四颗佛头珠分为四部分，象征一年有四季，其中一颗佛头缀佛塔、背云宝盖、缀角。丝带是明黄色的，标志着皇帝至高无上的等级，垂于背后，称为“背云”。朝珠上有记念三挂，每挂十颗小珠，喻指一个月有上、中、下三旬，每旬十天，共三十天。朝珠材质非常丰富，有东珠、青金石、珊瑚、蜜蜡、绿松石等，品质也有不同。皇帝的御用朝珠要根据不同的政务场合佩戴，只佩戴一盘。祭天时佩戴青金石朝珠，祭地时佩戴蜜蜡朝珠，祭日时佩戴珊瑚朝珠，祭月时佩戴绿松石朝珠。受理朝政时佩戴东珠朝珠（图11～图15）。

（五）斋戒牌

斋戒牌是皇帝及文武官员、皇亲国戚在行祭祀礼前后斋戒期间佩戴的警示牌。尺寸约如掌心大小，有玉雕、翡翠、碧玺、木雕、金累丝、刺绣等多种，牌正面为“斋戒”二字，背面为满文（图16-1、图16-2）。皇太后、皇帝、皇后御用的斋戒牌的丝绦是明黄色的，他人不得僭越。

据记载，雍正十年（1732年），皇帝认为斋戒期间虽然官署均立有斋戒牌，但“恐言动起居之际稍有懈慢”，所以将斋戒牌尺寸缩小，让官员人等在斋戒期间佩戴于胸前，相互之间可以时时看见，“以期简束身心，竭诚致敬，不稍放逸”。

（六）朝服带

朝服带又称为“忠孝带”、“朝带”（图17），是着朝袍时束于腰间的明黄色腰带，完全体现了满族作为游牧民族，其服饰须束身的传统。《大清会典》规定，皇帝朝带有两款，一款圆版（饰版），一款方版。其形制是明黄色的带和绦，金圆版雕龙纹，四块，饰宝石及东珠五枚，周围饰珍珠二十枚，左右佩帉为上广下锐形，月白色、白色各一，并饰中约，镂

图11 青金石朝珠

图12 蜜蜡朝珠

图13 珊瑚朝珠

图14 松石朝珠

图15 东珠朝珠

11	12
13	14
15	

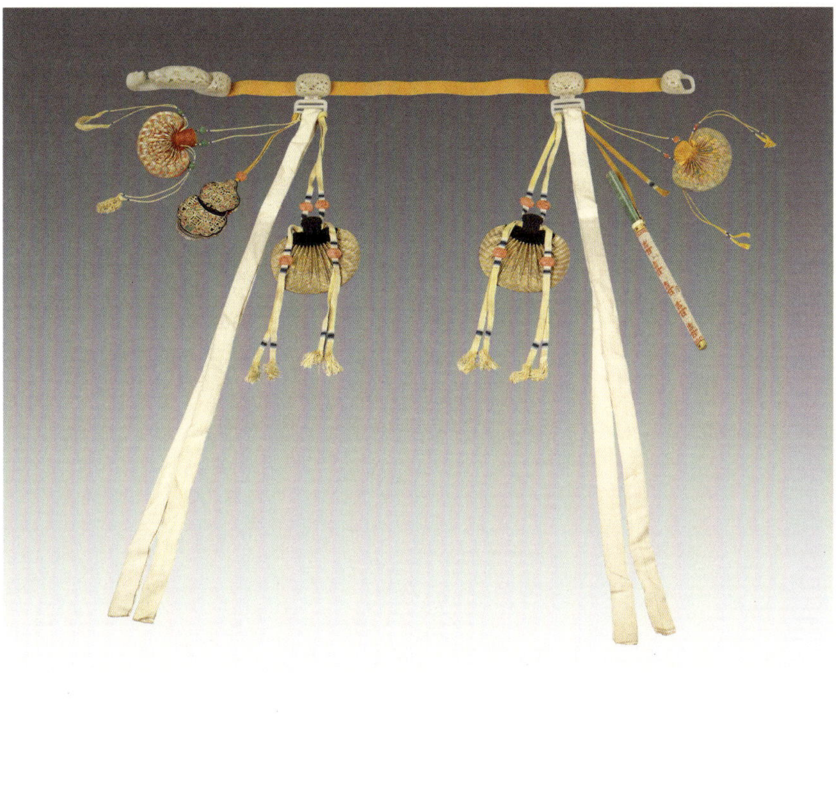

图16-1 金累丝嵌松石斋戒牌（汉文）

图16-2 金累丝嵌松石斋戒牌（满文）

图17 忠孝带

16-1	16-2
17	

金圆结，上饰宝石与金圆版相同，并围饰珍珠三十枚，佩囊（荷包）纹饰为刺绣，另佩燧、觿、刀、削随意。

方版的朝带多用于祭祀。上面装饰宝石，圜丘用青金石，方泽用黄玉，朝日用珊瑚，夕月用白玉。圜丘时佩帉用青色（黑色），中约饰圆结，饰东珠四枚，佩囊（荷包）用石青色，宝石缀角随版色。朝带上的饰物小而精，所佩荷包、火镰、觿、匕首等，甚至指南针，都是为了适应骑马征战的需要。

严格地说，故宫现藏忠孝带没有《大清会典》所绘制“上广下锐形”的佩帉，虽然其他装饰符合典制规定，但仅这一个细节，就不能说是完整的朝服带，这是历史留下的遗憾。

（七）朝冠

朝冠是皇帝着朝服时御用的冠。《大清会典》规定的朝冠有冬朝冠、夏朝冠之分。冬朝冠的檐上仰，檐根据时节用熏貂或黑狐皮。顶饰朱纬，略长出檐，顶子为三层，每层贯东珠一枚，金龙四尊和珍珠，顶端大珍珠一枚，梁珍珠两枚。檐下两侧缀可松紧活动的布带子交于颌下（图18）。

夏朝冠用玉草、藤丝、竹丝编成，再用细罗装饰冠面，缘用石青色织金缎（片金）饰，冠里用红色织金缎（片金）或红色纱饰，里面有帽圈，并缀元青色带子交于下颌。檐下敞，冠顶饰朱纬，冠前檐上饰金佛，饰东珠十五枚，后檐上饰舍林，饰东珠七枚。顶子如冬朝冠。

皇帝的朝冠上所饰朱纬有丝绒不加捻的，一般是铺一层，约寸厚，盖住冠面。而单股加捻的和双股加捻的朱纬，仅用单层，盖住冠面。

值得注意的是，皇帝朝冠的带子都是细的元青色带子，做成可伸缩的环状交于颌下，并不是如影视剧里演绎的明黄色宽缎带，系蝴蝶结于颌下。

故宫博物院藏皇帝的朝冠多不完整，大多是缺顶子，有的是只有座

图18 熏貂皮朝冠

图19 绒缨料石顶皇帝冬朝冠

残留，缺了顶子上最重要的宝石（图19）。顶子的材质大多珍稀，因此曾经将其分开保管，这是历史造成的状况，希望今后顶子和冠能重合为一体。

（八）朝靴

朝靴是皇帝着朝服时御用的（图20、图21），形制为木底，无左右之分，靴靿及膝，前有一明黄色带为穿着时方便提用。靴靿的里子为素缎抑或素绸，为穿着时顺滑，但脚底部分为细棉布，以便穿着时增加摩擦力。靴面为素缎或暗花缎，以各式刺绣装饰，或为妆花、织金缎，皇帝朝靴色用明黄、石青。皇帝朝靴里面的袜子同样是高靿的，袜靿为刺绣或妆花、织锦，色用明黄、石青等。袜子的脚面、袜底是用细棉布做的，也是为了增加摩擦力，走路舒适（图22）。

二、皇帝吉服

皇帝吉服包括龙袍、衮服、吉服冠、吉服带。皇帝吉服称为“龙袍”。在清宫，只有皇帝、后妃的吉服可以称为“龙袍”，其他人的吉服称为“蟒袍”。

吉服袍用于除夕、元旦、万寿、冬至、中秋节、七夕节、端阳节等节日，以及先农坛耕藉礼、筵宴、大婚、上皇太后徽号、太和殿阅视祝版、中和殿阅视祝版、长春宫祭殿神、坤宁宫磕头、坤宁宫祭新月神、奉

图20 黄色云缎穿珠朝靴

图21 石青色绒穿珠朝靴

图22 明黄色绸绣彩云金龙高靿绵袜

20	21
22	

先殿行礼、药王圣诞、坤宁宫还愿、颁诏受贺、大高殿开光等活动期间。

皇帝吉服袍形制是圆领，大襟右衽，马蹄袖端，裾四开，直身式袍服，缀铜镀金錾花扣或铜镀金光素扣（图23、图24）。颜色有明黄色、石青色、蓝色、酱色、棕色等。因为是喜庆吉日穿着，色彩不拘泥于典制，所以皇帝着吉服期间又称为“花衣期”、“彩服期”（图25、图26）。

皇帝的吉服袍里子为明黄色或月白色的暗花绫居多，不用其他颜色。马蹄袖端的里子是月白色素缎或者是暗花绫的，没有其他颜色的。冬天的吉服袍有的镶有皮领（图27），有的镶有夹领，但是夹领的颜色与袍服的颜色是不同的，一般领子是石青色缎的。笔者曾仔细观察针脚，明显是后做的领子镶上去的，是为了护颈保暖。若用领衣，则领子是月白色的，没有其他颜色。清代服饰制度规定吉服袍是没有披领的，所以，着吉服袍时，不能带披领。

皇帝吉服袍的纹样以龙纹为主，与朝袍一样，饰九尊金龙——前胸一尊，后背一尊，两肩各一尊，前后下幅各两尊，掩襟一尊。因此直观龙袍，前后身都为五尊金龙，而实际全身共九尊金龙（不计边饰、马蹄袖等次要纹饰），象征皇帝的九五之尊。龙袍间饰十二章纹、五彩祥云、杂宝、暗八仙、金团寿字纹等。下幅的海水江崖纹饰称为“立水”，立水的纹样各朝均有不同。清中期以前，立水的水纹层次丰富，色彩雅致，线条流畅。晚清，立水的水纹较长，层次少，显得呆板（图28）。

清宫服饰的开裾是和等级制度分不开的。开裾多（四开裾）且长的服饰，等级高，在吉服里显得尤为突出。除皇帝及宗室以外其他人等，不许用四开裾的服饰，皇帝服饰的四开裾是最长的。

衮服是皇帝着吉服时套穿在外面的服饰，形制、用途与作为礼服的衮服没有区别。

吉服冠是皇帝着吉服时御用，有冬夏两款。冬款吉服冠帽檐上仰，用紫貂，冠面饰朱纬，顶子为金錾花座，上衔大珍珠一枚。夏款吉服冠是

图23 清人画《弘历吉服像》（局部）

图24 缂金彩蓝龙青白狐皮袍

图25 宝蓝色江绸平金银龙夹袍

图26 绛色缎平金绣勾莲龙纹夹袍

24

25 | 26

图27 明黄色缎绣云蝠金龙银鼠皮袍
图28 杏黄色缂丝五彩云蝠八福金龙小夹袍

27

28

用玉草或藤丝编织而成，面裱石青色罗，里饰红色纱或绸，缘饰石青色片金织金缎。冠檐下敞，上面缀朱纬。也有帽圈和可伸缩的帽带。顶子和冬吉服冠相同。

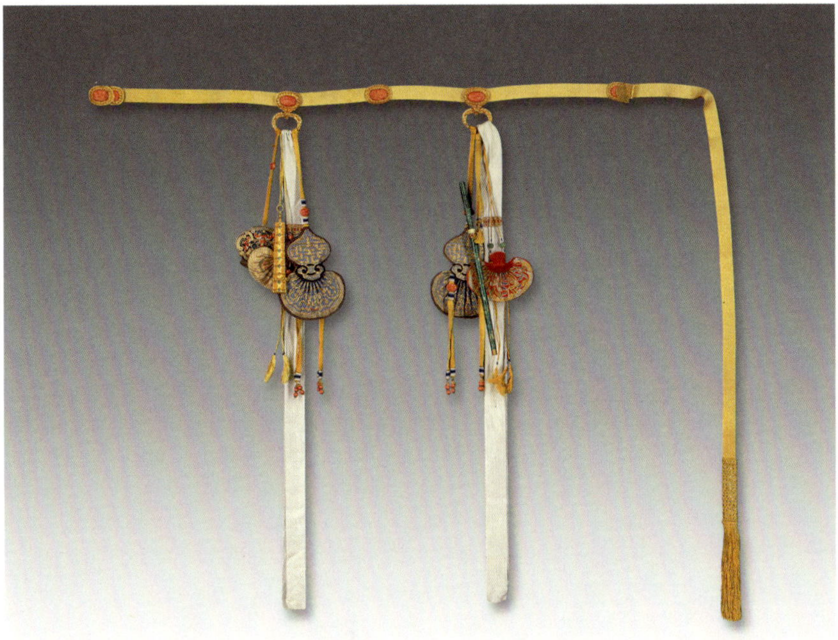

图29 吉服带

吉服带是皇帝着吉服时御用。皇帝的吉服带细节没有朝服带严格，典制记载也有“随所欲”、“惟宜”字样，但是并不是说可以违反等级制度。皇帝吉服带颜色为明黄，镂金版四枚，方、圆“随所欲”。其他的可以仿朝服带为之。值得注意的是，制度规定，吉服带的佩帉用白色，直条式，下端是平齐的，与朝服带的“左右佩帉……月白色、白色各一”，“上广下锐形”有区别（图29）。

此外，皇帝着吉服时御用的朝珠、靴，都可以仿照着朝服时办理。吉服的扣饰都是铜镀金錾花扣或光素扣，不用其他材质的玉扣和盘扣。扣襻的长短因朝代不同有很大不同，是比较重要的细节。

礼服和吉服是清代舆服制度最为重要的服饰，可深入研究的课题很多，但是，细节是鉴定时代的重要内容，注意和尊重实物史料细节是文物研究必不可少的，我们断不可依影视剧的视频为资料证史，左右受众的知识取向。

帝王之典章　龙行之甲胄
——清宫皇帝行服

行服，是帝王出行必备服饰。《大清会典》对其制式有明确定制。行服既是典制服饰，又与华丽的皇帝阅甲、八旗盔甲等共同组成了完整的清代军事活动服装体系。

清代行服，是北方游牧民族——满族生活中不可或缺的服饰，不仅具有满族服饰束身窄袖的特色，还因其要适应骑射的需要，具有其他款式的满族服饰没有的特点和功能。这种方便、实用的服饰，在满族戎马倥偬、驰骋疆场的历史中，获得过“得胜袍”、“得胜褂”的美誉，被载入清代史册。

清朝入主中原后，曾经征战疆场、骑射娴熟的八旗子弟逐渐追求骄奢安逸的生活，战斗力日益衰退。但清初北方战乱频繁，康熙皇帝为了整饬武备，团结蒙古诸部，巩固北部边防，自康熙二十二年（1683年）起建立木兰围场，每年都要离京到围场巡幸和木兰秋狝。这种有军训意义的行围活动，逐渐成为一项重要的国家性政务活动。凡是到避暑山庄及其附近巡幸、集会、处理政务和消遣游乐的活动，都被泛称为“木兰秋狝”。至康熙末年，康熙皇帝将平定噶尔丹、策妄阿拉布坦等“立功绝域”的业绩均归结为“皆因朕平时不忘武备，勤于训练之所致也”，而武备训练的最重要方式便是木兰秋狝。在木兰秋狝中，皇帝要亲力亲为、骑马射猎，所御用的行装就是行服（图1、图2）。

从一定意义上说，一年一度的木兰秋狝更像是精心准备的军事活动。康熙以后至清晚期的历朝帝王，为了把继承骑射传统作为巩固政权的基础，每岁行围，车驾人马数以万计，一时间塞外山谷旌旗飘扬，军伍浩荡，不见首尾。为了整饬军威，一切事宜均有严格章程，无论兵士还是贵族王公，“围猎不整肃者，照例惩治”。因此，在木兰秋狝的同时，还将参加行围活动者所着行服类服饰制度化，写入典籍，使之成为清代冠服制度的重要组成部分。徐珂《清稗类钞》记载：“臣工扈从行围，例

图1 清人画《弘历刺虎图》

图2 清人画《弘历威弧获鹿图》（局部）

服行装……盖即缺襟袍也。……其实始为军服而及于扈从行围，后遂沿用之。”由此可知，木兰秋狝时皇帝的所有扈从也都着缺襟袍，但须遵循《大清会典》的等级规定。

清代皇帝御用行服包括五部分：行服袍、行服褂、行裳、行服冠、行服带。穿着顺序是：戴行服冠，着行服袍，腰间系行服带，行服袍外面罩行服褂，下身系行裳。行服袍、行服褂的面料以素色暗花缎、羽缎等为主，不绣纹饰。行裳面料较为丰富，有素缎、羽缎以及各种皮质。这些面料均较为耐磨、实用、保暖，能够满足马上征战生活的基本要求。

一、行服袍

行服袍又称为缺襟袍、巡幸袍、得胜袍。形式为小翻领（或圆领）、大襟右衽、马蹄袖端，前后开裾，正面右襟下“短一尺”。皇帝穿着出行骑马时，可将衣襟扣在腰处，方便飞身上下马；坐卧时，可把缺襟与掩襟相扣，行保暖之实。这种缺襟袍的独特设计，是满族其他服饰不具备的。

清康熙油绿色四合如意云纹暗花缎行服袍（图3），其面料为油绿色四合如意云纹暗花缎，花纹为二则式，一个花纹单位纵横可达73厘米，纹

图3 油绿色四合如意云纹暗花缎行服袍

样规矩，方正大气，面料织造致密，提花清晰，表现出清代早期暗花缎的织造特点。袍里用月白色暗花绸衬，穿着柔软舒适。领用紫貂皮，袖口饰银鼠皮出锋。值得一提的是，满族服饰一般均为圆领，行服袍之所以有领，是因为野外马上生活的御寒需要，皇帝行服袍的领子材质用等级最高的紫貂皮毛，有更好的御寒功能。这件行服袍是清代康熙皇帝御用。袍领处原系有黄条，墨书“圣祖油绿缎绵巡幸袍一件”、“得胜袍”、“圣”和“留用”，是关于这件行服袍的重要的文字资料。

清康熙大红色寸蟒彩云花卉纹织金妆花缎行服袍（图4）使用了较为鲜见的妆花缎面料。按清制，清代皇帝行服袍应用素色或暗花面料，此袍面料大红彩织金妆花缎为匹料，图案是团龙、祥云、朵花间行排列式纹样，既不是按身材设计好纹样织造的衣料，也不是后来典制规定的素缎、暗花缎，而明显是用匹料裁制，反映出清早期舆服制度尚未完全定型的时代特点。正是由于清早期服饰制度尚未健全，皇帝的行服选材、色彩、款

图4 大红色寸蟒彩云花卉纹织金妆花缎行服袍

式等并没有太严格的界定。面料所用大红色寸蟒纹彩云花卉纹织金妆花缎，是江南三织造所织造的匹料，织造精致细密，花纹清晰规整。月白色素绸里，柔软舒适，内絮薄绵，是清宫旧藏康熙行服袍中的精品之一。此袍为年轻的康熙帝秋冬时节外出巡幸、谒陵等途中御用行服袍，其款式除大襟右衽、马蹄袖端、四开裾、右裾短一尺等行服袍的基本要素外，领口为圆领，不设翻领，是清早期服饰的特点。袍缀银鎏金光素扣八枚。需要说明的是，开裾（坊间所言“开叉”）作为满族服饰重要的特点之一，体现着严格的等级制度观念。皇帝的服饰以开裾多、开裾长，位居最高等级，其他人包括皇后在内的服饰，均须按等级开裾。

二、行服褂

行服褂又称得胜褂，相传当年康熙皇帝常着这类服装迎接征战凯旋的将士，所以得此名。不同于清代马褂的是，行服褂袖稍显短、窄，以便于骑射；身长较短，便于飞身上马。而马褂则以装饰性强为特点，宽襟博

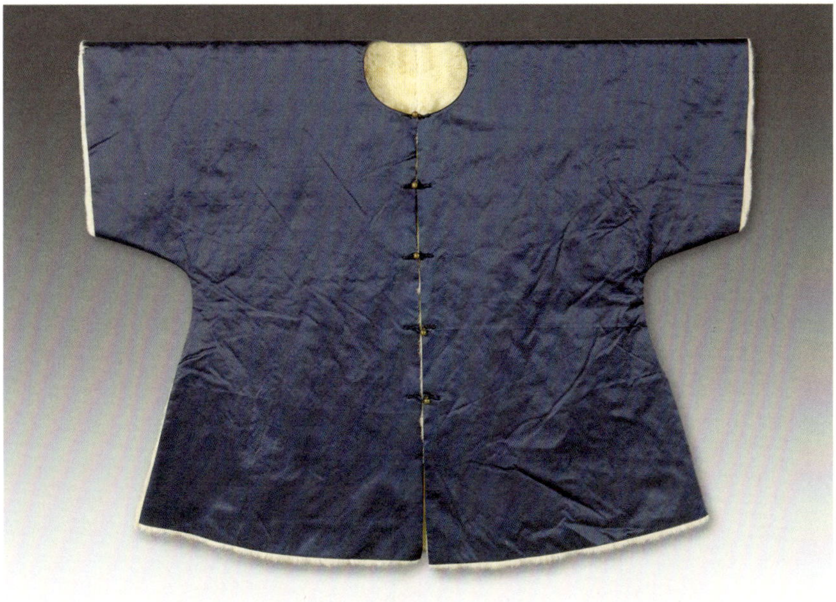

图5 石青色缎银鼠皮行服褂

袖，华美舒适。行服褂是套穿在行服袍外面的，以保暖功能见长，因此多见夹、棉、皮款式。

清康熙石青色缎银鼠皮行服褂（图5），是骑射、围猎及出行等场合穿用的服饰，穿着于行服袍外面，与行服袍、行裳组成一套皇帝行服。此件行服褂形式为圆领，对襟，短平袖，袖长及肘，身长及胯，左、右、后开裾。缀铜鎏金錾花扣五枚。领口处系黄条，其上墨书“圣祖”，可确认是康熙帝御用服饰。

行服褂以石青色素缎为面，石青色沉稳庄重，缎地织造致密。银鼠皮为里，轻薄柔软，保暖性好。银鼠皮是清代皇帝御用的皮草之一，等级低者不可僭越服用。行服褂形式简约质朴，制作工整，从材质、款式、色彩、做工等方面看，都堪称是康熙帝行服褂代表之作。

清嘉庆明黄色暗葫芦花春绸草上霜皮行服褂（图6），是可以两面穿用的行褂。其一面为明黄色暗葫芦花四合如意祥云纹春绸，另一面为名贵的草上霜皮，徐珂《清稗类钞》记载：“草上霜为羊皮之一种，质类乳

图6 明黄色暗葫芦花春绸草上霜皮行服褂

羔，以其毛附皮处纯系灰黑色，而其毫末独白色，圆卷如珠，故名。以为裘，极贵重……”草上霜皮质柔软轻薄，穿着轻便舒适。衣边、袖端露出里面皮卷曲的毛锋，宛若满洲贵族服饰的“出锋”，体现着满族服饰的等级制度。绸面向外穿用时华丽庄重；绸面向里穿用，因绸面的光滑，套在袍服外面穿脱滑爽方便。这件褂虽然尚符合行服褂的特点和制式，但其所用的名贵材质已然不具清初行服褂朴素、实用的特征，而彰显出些许马褂的特点。

三、行裳

行裳满语称“都什希”，呈围裙状，前开裾，里面两侧分别缀石青色丝带，系于腿上，骑马时不会磨伤腿部。清中期以前，皇帝出行活动较多，行裳是重要服饰之一。清晚期，随着政治上逐渐背离“肄

图7 灰色春绸里梅花鹿皮行裳

武绥藩”的国策，曾经戎马倥偬的八旗子弟逐渐追求安闲奢侈的都市生活，行裳也逐渐从宫廷生活中淡出。

清雍正灰色春绸里梅花鹿皮行裳（图7）为梅花鹿皮面，香色暗花春绸里，腰间为石青色棉布带。出行着行服时，系于腰间，用裳里侧的带子分别系于两腿，既御寒又耐磨。缀铜光素扣各一枚。裳上系黄纸签墨书“用不得”。

行裳是满族传统服饰，便于游牧民族在马上保护腿部。行裳的面料一般是较为轻薄的皮毛、皮板。这件梅花鹿皮行裳采用两张小梅花鹿皮拼接而成，花纹左右完美对称，分外华美珍贵。即便在雍正朝，要找到如此绝配的梅花鹿皮也十分难得，宫中旧藏也仅此一件。至于是否因此而系上“用不得”的黄条，尚待考证。梅花鹿皮皮质轻薄而柔软，穿用时轻便舒适，美观华丽，适于皇帝冬季出行时穿用。行裳的带子均采用棉粗布，系

图8 酱色羽毛缎夹行裳

在丝质面料的行服袍腰间，不会因骑马动作过大而滑脱。

酱色羽毛缎夹行裳（图8）面料为羽毛缎，实为用加捻生羊毛纱织造，具有耐磨、防雨水的作用，是春、夏、秋三季出行必备服饰。

羽毛缎，亦称羽缎，最早的文献记载出现在1656年荷兰人约翰·尼霍夫所著《荷使初访中国记》，其中记载了顺治十三年（1656年）荷兰东印度公司使团的礼品中有羽纱、羽缎等纺织材料。清王士祯《皇华纪闻》云："西洋有羽缎、羽纱，以鸟羽织成。"但经过笔者与故宫有关专业人员进行课题研究，科学分析、DNA对比，发现羽缎类材料的质地并非鸟羽，而是100%的羊毛纤维或与桑蚕纤维的交织物。由于纺丝加捻，织造细密紧致，所以面料光滑挺括，具有耐磨、防雨的功能，或被清人认为有与鸟羽一样的防水功能，故清宫史籍、档案、账目等均称为"羽缎"、"羽纱"。故宫藏羽缎一般为红、黄、酱、蓝、灰、玄青、石青等素色，鲜见提花，但有个别服饰显现了碾压出的水波纹。此类织物均用于须耐磨、防雨的服饰、仪仗、轿舆等。此件酱色羽毛缎夹行裳是这类服饰的代表之作。

图9 夏行服冠

四、行服冠

行服冠又称行冠，款式简单实用，分为冬款（图1）与夏款。无过多装饰，适用于行猎等马上生活。

清道光夏行服冠（图9）是皇帝夏季出行着行服时所戴的冠帽，形式似民间斗笠，但略小。冠顶装饰大红色捻丝绒线盘结花，自帽顶向下四周垂撒红丝捻线，冠正面口缘缀东珠一枚。行冠罩面为本色丝织席纹纱，口缘镶饰石青色花卉纹织金缎边及石青色丝织“人”字纹绦，冠里衬大红色皱绸，缀软帽圈，与冠同样质地。项下缀蓝布可收放式系带。此件行服冠做工细致，选材精良，外观华美端庄，是清道光帝夏季出行御用。

五、行服带

行服带是皇帝着行服时所佩，上面的配饰多为野外游牧生活所必需，如装食品的荷包、防身或食肉用的鞘刀、取火用的火镰，以及指南针、牙签筒等，均为满族游牧生活不可或缺的实用品。清晚期，皇帝着行

图10 行服带

服的机会很少，行服带上配饰的实用功能基本丧失，仅作为装饰。行服带的帉佩下端平齐，这不同于忠孝带上宽下锐的形式。此外，行服带更注重野外生活的实用性，装饰相对朴素、简洁，不用金饰、玉饰等。

清康熙行服带（图10），色用明黄，为丝毛混捻线织成。帉佩为高丽布，红香牛皮佩系、中约。带缀饰大小荷包共四枚，明黄色丝编窄绦装饰珊瑚、松石结。鞘刀、火镰各一把，均为皇帝出行必随身携带之物。

此件行服带所佩荷包以平金、辫绣、钉绫等技法绣制。因是常在手中把玩之物，绣工极其精妙，针脚平齐细密，配色以金色、银色为主，柔和雅致，大气华美，既实用又可用作装饰物。

图11 朱红色羽纱单褂

六、雨服

清代皇帝御用雨服（图11），圆领、对襟、平袖端、四开裾，身长及膝，直身式褂。在清代皇帝数以万计的服饰旧藏中，雨服仅此一件，是用羽纱为面料制作。 羽纱为平纹，经过后期碾轧处理，表面呈现隐约的水波纹，致密而滑爽，据传可以达到水落其上不浸润的效果。

清帝行服是清代服饰典制的重要组成部分。因其色彩种类较少，不绣纹饰，且穿着时日较短，长久以来并不引人注意，但它与华丽的皇帝阅甲、八旗的盔甲等服饰，共同组成了完整的清代军事活动服装体系。

领袖承祖制　纹章颂祥福
——清宫后妃吉服

吉服是宫廷重要的典章服饰，有严格的等级划分和界定，用于重大喜庆节日、祝寿、祭祀活动以及节庆筵宴等庄重喜庆的场合，又被称为“彩服”、“花衣”。《大清会典》对各个等级的吉服有详尽的规定。宫廷喜庆吉日的特定环境决定了吉服也需要在端庄中彰显华美，在尊贵中追求灵动，以体现宫廷生活的奢华精致。

清宫吉服，又称为“花衣”、“彩服”，是清代皇帝、后妃、宗室等在元旦（春节）、冬至、万寿（皇帝寿辰）三大节日和其他喜庆吉日期间穿着的服饰。虽然《大清会典》中将吉服款式、颜色、龙纹图案等方面做了严格规定，不得僭越，但因其是在喜庆之日穿着，所以吉服的色彩之华美、图案寓意之丰富是其他典制服饰所不及的。

清宫通常称帝后吉服为“龙袍”，后妃吉服包括龙袍、吉服袍、龙褂（或称吉服褂）。龙袍、吉服袍的形式与皇帝基本相同，为圆领、大襟右衽、马蹄袖端、直身式袍服，左右开裾。龙袍用色以黄色系列为主体，吉服袍则色彩丰富。龙褂形式为圆领、对襟、平袖端、后开裾、直身式褂，色用石青。一般皇太后、皇后吉服虽不似皇帝吉服饰有十二章纹饰，也称为“龙袍”。皇后以下的各级嫔妃、宗室、臣属所着吉服无论是否用五爪龙纹，均不可用明黄色，不可用十二章纹饰，也不能称作“龙袍”，只能称作“蟒袍”。而坊间所言“龙袍”，则是皇帝肩带披领，上衣下裳，有腰襕，下裳为襞积式的礼服，清宫称之为“朝袍”，二者不可混为一谈。

清宫后妃吉服从花纹上可分为正龙行龙式龙袍、八团龙袍、八团龙褂。按清制，穿着吉服须戴吉服冠，晚清也有戴钿子的。吉服褂套穿在吉服袍外面，也可视气候、场合等因素决定是否套穿。冬天的吉服按需絮有丝绵，也可按等级镶衬各色皮毛。夏日的吉服则用各式绸、纱、缂丝等轻薄凉爽的面料。穿戴时要配相应的各式靴子、鞋。后妃们除在重大节日行礼、祭祀先蚕坛等特定正式场合必须按典制穿着规定颜色的龙袍外，在其他喜庆吉日时间，可随心所欲选择其他图案、颜色的吉服袍，但需要根据节令时日，穿着与节气、身份相符的颜色和图案。一般年长的太后、太妃的服饰颜色较为沉稳素雅，图案端庄规整；年轻的后妃可以穿着色彩丰富、图案多样的吉服，但典制规定的等级是绝不可僭越的。

清宫后妃吉服，涵盖了清代纺织、刺绣、珠宝镶嵌等工艺，代表着清代织绣行业的最高水平，是清宫服饰中比皇帝服饰色彩更为丰富、工艺更加繁复的典制服饰。在喜庆吉日，后妃吉服为等级森严、气氛肃穆的宫廷带来一抹靓丽的暖色。三大节日和其他喜庆吉日及前后十天穿着吉服的日子被称为“彩服期”、“花衣期”。“花衣”之称从一个侧面说明吉服色彩的丰富。按清制，黄色是等级最高的颜色，黄色中，明黄色是皇太后、皇帝、皇后的御用颜色，其他等级的人不可僭越服用。黄色系列的颜色还有：杏黄、金黄、米黄、姜黄、香黄等。红色系列的颜色有：大红、桃红、胭脂红、粉红色、绛色、酱色等。绿色系列的颜色有：油绿、葵绿、茶绿、浅绿等。蓝色系列的颜色有：蓝色、湖色、月白色等。紫色系列的颜色有：紫色、藕荷色、雪青色、葡灰色等。棕色系列的颜色有：豆沙色、驼色、棕色、古铜色等。笔者多年观察研究发现：清宫吉服颜色的运用，带有较强的时代特征。比如晚清，由于慈禧皇太后比较喜爱紫色系列的颜色，这一时期紫色系的服饰就明显多于前朝，不仅是吉服，便服更是大量用紫色，甚至在礼服（朝袍）的海水江崖、杂宝等图案中，紫色也十分抢眼。同样，这一时期的粉色、月白色等其他鲜艳颜色也常出现在后妃吉服、便服中，这其中不排除等级低的嫔妃为了迎合主位的喜好而定制的因素。

后妃吉服的面料图案分为织造的和刺绣的，图案除了典制规定的龙纹外，还有四季花卉纹、平安如意纹、五谷丰登纹、龙凤同合纹、龙穿寿字纹、五蝠捧寿字纹、万字曲水纹、喜相逢纹、暗八仙纹、瓷器纹、博古纹、花篮纹、团花纹等。带有这些纹样的吉服，称为“吉服袍”。《清宫词》中有这样的描写：“万寿节中垂盛典，花衣期内引朝仪。尽翻旧样团龙制，六和同春画折枝。”说的就是节庆时宫中五彩缤纷的吉服。织造面料包括缂丝、妆花缎、妆花绸、各色纱、暗花纱等。刺绣的面料多用各色素缎、素绸，也有用各色暗花绸、暗花纱、直径纱、实地纱等为底料绣制花纹。织造面料的设计图案较为呆板，相比之下后妃们更喜欢刺绣图案的灵动巧变、色彩丰富和个性化强。故宫藏刺绣面料的后妃吉服不仅色彩丰富，图案也变化多样。即便是通身素色无绣制花纹的吉服，其镶饰的领袖边的绣制花纹也是精美繁复的。

吉服的制作，为清宫内务府广储司主办，

图1 彩绘女龙袍前式、后式纸样

图2 彩绘龙褂前式纸样

1

2

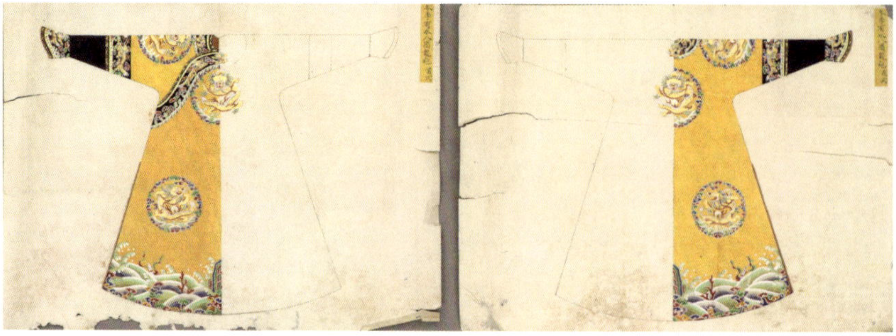

每年由礼部等按照后妃的等级设计出图样，清宫如意馆绘画出服装小样（图1、图2），被批准后，原样放大，发往江南织造或绣制，完工后，将衣料送到宫中裁剪缝制。

一、吉服冠、钿子

按清制，清宫皇太后、皇后、皇贵妃、贵妃的吉服冠，为圆形攒顶式，上缀红色丝绒捻成的朱纬，散垂盖住帽顶，帽沿上翻并镶熏貂皮，顶子用东珠镶饰。吉服冠用于重大节庆吉日。熏貂皮青缎面红缨妃嫔吉

图3 熏貂皮青缎面红缨妃嫔吉服冠

服冠（图3），是故宫院藏仅存几顶后妃吉服冠中品相最好的。从吉服冠后面装饰的金黄色丝绦上看，这是贵妃以下等级的人用的。

钿子，又称为花钿，多为细藤、竹篾或铁丝用黑色丝线细密缠绕后，编成覆箕形骨架，内缀帽衬，外面根据所需缀饰玉石、珍珠、珊瑚等多种材质雕琢而成的寿字、双喜字、杂宝、暗八仙、花卉、草虫、凤鸟、兔子以及松鼠等。一顶钿子的材质可以多样，但吉祥寓意从钿口到钿尾、

图4 镀金点翠镶珠石凤钿子
图5 翡翠镶碧玺双喜字钿子

4
5

钿花都围绕一个主题，装饰可繁可简。这顶钿子（图4）是清孝定景皇后（光绪皇帝之后）着吉服时所戴，以凤凰为主题，每一凤凰均口衔宝石璎珞，彰显着皇后的至尊地位。翡翠镶碧玺双喜字钿子（图5）是皇后大婚时所用钿子，翡翠雕饰飘带上镶饰芙蓉石雕双喜字、珍珠，端庄古雅，精致喜庆。

图6 明黄色五彩满地云纹金龙纹妆花绸女龙袍

二、正龙行龙式龙袍

正龙行龙式龙袍，是《大清会典》规定的皇太后、皇后龙袍的第一式，与皇帝龙袍一样饰金龙九条，用于重大节庆场合。形式为圆领，右衽，上臂饰石青色平金绣行龙纹花接袖，袖为素石青色，马蹄袖端，左右开裾，缀铜镀金錾花扣四枚。胸前、背后为正龙，两肩和前后下幅、掩襟均饰行龙，由是得名。龙间饰以五彩祥云，下幅饰海水江崖，间以八宝。绵、夹、纱、裘具按季节之需随所欲。

明黄色五彩满地云纹金龙纹妆花绸女龙袍（图6），面料是做工繁复的妆花绸，由江宁织造局织造。妆花是云锦的一种工艺，成品也叫妆花，分为妆花缎、妆花绸、妆花纱等。织造妆花需要按照设计图样先行挑花结本，再用装有色丝的小梭子按本挖梭织造，需用哪种颜色，就将这种色丝

图7 清人画《孝钦后吉服像》（局部）

的梭子与经线交织，不用时将其沉到背面为浮丝。这种满地花纹妆花的织造，需要每飞一梭都需不断更换颜色，工艺非常繁复，做到提花清晰难度非常大。像这般花纹清晰细腻、设色华美富丽的作品，织造难度非同一般，即便是在故宫院藏的清宫后妃服饰中也非常鲜见，代表着清代高超的织造工艺水平。晚清慈禧太后的吉服画像所着就是这类面料（图7）。

图8 明黄色八团金寿字蓝云龙纹妆花缎女夹龙袍

三、八团龙袍

清初，八团龙纹的图案是帝后兼用的。随着清代服饰制度的不断健全、整肃，以及清中期以前皇帝对服饰制度的重视，皇帝礼服、吉服的图案逐渐只用九龙，即所谓“九五之尊”。虽然我们还可以从清早期皇帝画像中觅见皇帝着八团龙纹的服饰，但中期以后，八团纹饰已成为后妃吉服的特征之一。

宫中把吉服下幅的海水江崖纹饰称为“立水”。后妃八团龙袍分为“有水”和“无水”两种，主要区别在于下幅是否有海水江崖的纹饰，穿用场合无具体规定。前述正龙行龙式龙袍是《大清会典》规定的皇太后、皇后龙袍的第一式，而有水龙袍是第二式，无水龙袍是第三式。

明黄色八团金寿字蓝云龙纹妆花缎女夹龙袍（图8），是清圣祖皇帝

图9 明黄色八团金龙纹妆花纱女单龙袍

的祖母孝庄文皇后御用之物。龙袍面料为五枚缎纹地，前后身妆花织造蓝龙穿金寿字八团，下部饰海水江崖纹，称为“八团有水”龙袍。金寿字用红色丝勾边，其他图案均以湖色丝勾边。“蓝龙穿寿”图案造型别致，花纹舒展豪放，端庄大气，线条清晰流畅，晕色沉稳庄重又不失华丽，突出了吉服的主题。妆花织造工艺精细，金线匀细，图案清晰，面料平细柔软，是后妃龙袍中的精品。龙袍领口系清人墨书黄条，其一正书“香色缎织八团龙有水夹袍一件”，背书“嘉庆十二年十二月初四日收敬事房交”，其二书“香色缎织八团蓝龙金寿字蟒袍一件”。

明黄色八团金龙纹妆花纱女单龙袍（图9），是清早期皇后夏日御用龙袍，云龙纹带有较明显的清早期风格。龙袍面料为明黄色暗团云龙纹实地纱妆花织造八团龙纹，下幅不饰海水江崖，称为“八团无水”龙袍。面料在妆花的同时织造暗花团云龙纹，工艺复杂繁复，难度非常大。用金的

图10 石青色八团金寿字蓝云龙妆花缎女绵褂

地方是用无捻片金织造，凸显出金属的光泽，使龙纹熠熠生辉，这是清早期龙纹装饰特点之一。

四、八团龙褂

龙褂是穿在龙袍外面的服饰，也分为八团有水龙褂和八团无水龙褂。龙褂一般是圆领的，个别款式镶有立领。穿用时，花纹装饰上要与龙袍配套。比如，龙袍是有水的，龙褂也应是有水的。有的有水龙褂在袖端并不装饰海水江崖纹，下幅的立水设色和构图同样精美。龙褂不用马蹄袖端。

石青色八团金寿字蓝云龙妆花缎女绵褂（图10），与图8同属一套服饰，在材质、织造工艺、尺寸、花纹设计、图案用色、用金等方面完全一致，是故宫院藏鲜见的配套的吉服，也是康熙皇帝的祖母孝庄文皇后御用之物。龙褂领口系清人墨书黄条，其一正书“石青缎织八团龙有水绵褂一

图11 石青色缎缀绣喜相逢纹女龙褂

件”，背书“嘉庆十二年十二月初四日收敬事房交”，其二书“石青缎织八团蓝龙寿字有水夹褂一件”。

石青色缎缀绣喜相逢纹女龙褂（图11），是采用缀绣工艺装饰的龙褂。龙褂的面料是石青色五枚素缎，上缀八团喜相逢纹绣片。仔细观察，这八团喜相逢虽然都绣着蝴蝶、牡丹、莲花、菊花、海棠花的纹样，但是每一团纹饰的色彩设计都有变换，无一雷同，使得色彩愈加丰富，整体效果活泼而不轻佻，华美而不浮艳，反映出乾隆时期装饰工艺独特的审美取向。将图案绣好再缝缀在服饰上，是为缀绣。缀绣的难度在于八团图案缀好后，图案既要立体感强，又要与服饰有浑然天成般的整体效果。此件图案虽在色彩设计上有变换，但所用平针、钉针、套针、缠针、网针、滚针、钉金、刻鳞针等针法统一，运丝手法一致，针脚细密平齐，可称细若

图12 雪灰色缎绣四季花篮纹绵吉服袍

蚊睫、巧若神针，令人叹为观止！此件下幅不饰海水江崖纹饰，应与八团无水龙袍配套穿用。

五、吉服袍

吉服袍的色彩丰富，图案多样，是最受后妃喜欢的典制服饰。吉服袍的图案设计一般也如龙袍一样，采用对称的布局，除龙纹外，多以花卉为主题，形式相对活泼。襟边、领袖边、花接袖的图案也可不用龙纹，而采用与面料主题相符的花卉或者团鹤、凤纹等。

雪灰色缎绣四季花篮纹绵吉服袍（图12），以雪灰色素缎为面料，通身绣八组造型别致的花篮，装饰牡丹、宜男、石竹、月季、芍药、水仙、兰花、菊花、梅花、绣球、栀子、玉兰、百合、海棠、牵牛、荷花等

图13 浅绿色缎绣博古花卉纹绵吉服袍

二十余种四季花卉，间以草虫等纹饰，下幅绣海水江崖，间饰杂宝。面料纹样清丽雅致，线条流畅，设色柔和自然，刺绣针法丰富巧变，领袖饰石青色平金绣凤鸟纹缎边及石青色织片金缘，是后妃吉服中不可多得的苏绣珍品。领口系清人墨书黄纸签二："藕荷缎绣花卉有水绵袍一件，乾隆三十三年五月初五日收，敬事房呈"；"藕荷缎绣花卉绵蟒袍一件"。

浅绿色缎绣博古花卉纹绵吉服袍（图13），全身用五彩丝线绣青花红彩云龙纹瓶、青花缠枝卷草纹管耳瓶、黄釉青花扁瓶、仿青铜双环兽耳瓶、白瓷蟠螭双耳瓶等八尊瓷器，并装饰四季花卉，用丰富巧变的针法和丝的自然光泽表现乾隆时期观赏用瓷的质感、发色和丰富的器型，使之彰显出柔和的色彩和非常写实的立体感，设计理念特立独行、风雅别致。在服饰面料上装饰四季花卉，是清宫后妃服饰常用的装饰手法，一是因其色

图14 红色缂丝八团彩蝶花卉纹夹吉服袍

彩绚丽，可彰显皇家服饰的富丽华美，二是四季花卉图案在任何季节穿用都不过时、不违制，作为吉服袍图案尤为合适。领口系清人墨书黄纸签，正书“绿缎绣花卉绵袍一件”，背书“乾隆四十二年十二月初一日收”。此件为故宫院藏品相完美、史料齐全的孤品。

红色缂丝八团彩蝶花卉纹夹吉服袍（图14），是能够体现道光朝以后后妃服饰变化的典型代表。清中期以后，社会处于变动相对激烈的转型时期，为适应政治形势和笼络中原汉族贵族，统治者对服饰制度的整肃逐渐松懈，满族贵族追求舒适闲散的都市化、宫廷化生活，窄袖束身的袍服不适用于宫廷生活的礼节。此外，关内相对温暖的气候决定了满族贵族已不需要常年保暖的服饰。因此，道咸以后，最能代表满族服饰特点的马蹄袖尺寸逐渐加宽，从最初的18–20厘米发展到30厘米甚至40厘米。大的马蹄袖逐渐成为满族服饰的装饰，不再遵循祖制，强调其方便骑射和保暖的功能，宽襟博袖的服饰应运而生，如此件这般宽博的袖口虽属个案，但由此引起的后妃服饰变化以及后来衬衣、氅衣的出现，一发而不可收。此件通身为缂丝织造，缂织技法明快简洁，有笔绘晕染，笔法细腻生动。领口系清人墨书黄纸签，正书“大红缂丝八团花卉有水夹蟒袍一件”，背书“道光二十一年又三月初七日收鞥可交”。

红色绸绣金万字地彩云蝠八团龙凤双喜纹绵袍（图15）和石青色绸绣八团五彩云凤金龙双喜纹绵吉服褂（图16）是一套吉服，是光绪十五年（1889年）光绪帝与孝定皇后大婚时为皇后制作的，图案为非常鲜见的团龙凤，又称为“龙凤同合袍（褂）”。龙凤同和袍的形制为圆领、右衽、马蹄袖端、左右开裾，直身式袍服。纹饰有八团龙凤同合双喜字、金福禄寿字、红蝠、寿桃、仙鹤、杂宝、灯笼、万字曲水地，下幅为海水江崖纹，全身饰有象征皇权的十二章纹。襟缀寓意连生贵子的金莲蓬扣五枚。龙凤同合褂的形制是圆领、对襟、平袖端、后开裾、直身式褂，纹饰为八团龙凤同合双喜字，下幅为海水江崖纹，袖端前面为彩云金龙，后面为彩云凤凰。这套吉服的用料考究精细，绣工精巧细腻，图案设计丰富繁丽，设色饱满雅致，彰显了皇家婚礼的喜庆、热烈、尊贵和奢侈。故宫院藏帝后大婚成套的吉服，仅此一套，是为珍品。

六、绣鞋

满族曾是游牧民族，由于生活的需要，满族妇女均为天足。入关以后，后妃除继续穿传统的靴子以外，更多的时候穿着绣鞋。满族绣鞋面多为缎绣、绸绣，花色多样，一般与服饰相呼应。鞋的款式以底的形状分为高底鞋（图17）、花盆底鞋（图18）、元宝底鞋（图19）、厚底鞋（图20）和平底鞋（图21）。鞋面、鞋跟多以各色料石、丝绦、累丝绦、流苏装饰。

图15 红色绸绣金万字地彩云蝠八团龙凤双喜纹绵袍

图16 石青色绸绣八团五彩云凤金龙双喜纹绵吉服褂

15

16

图17 红色缎绣花高底鞋

图18 明黄色嵌料石万寿字花盆底鞋

17

18

以湖色缎绣荷花嵌珠花盆底夹鞋（图22）为例，鞋跟为木质，饰以白色涂料后，四面钉饰五彩料石拼花篮图案，着地部分钉百衲布掌。鞋面为湖色缎地绣荷花莲子，取其纯洁和美、多子多福的吉祥寓意。鞋口缝缀料石拼朵花。鞋头缀明黄色流苏，可知此鞋为皇太后或皇后着吉服时御用。

清宫后妃吉服是典制服饰，有严格的等级划分和界定，但宫廷喜庆吉日的特定环境决定了吉服也需要在端庄中彰显华美，在尊贵中追求灵动，以体现宫廷生活的至尊、奢华、丰富和精致。其中以乾隆朝的后妃吉服最为华美精致，这不仅反映了乾隆朝国力的昌盛、织绣业的发达，也反映了这一时期服饰设计追求个性、装饰追求精致的审美取向。晚清后妃吉服追求的华美精致，则多是张扬个性的体现。

图19 湖色缎绣竹叶元宝底夹鞋

图20 明黄色缎绣如意云纹厚底鞋

图21 石青色缎缉线绣凤头鞋

图22 湖色缎绣荷花嵌珠花盆底夹鞋

19
20
21
22

取材天下奇　工艺冠古今

——清宫孔雀羽穿珠彩绣云龙纹吉服袍

《红楼梦》中晴雯织补的“孔雀裘”，吴梅村“孔雀妆花云锦烂”的词句，明定陵出土的孔雀羽织金妆花纱龙袍料……这些都是用孔雀羽捻线织造的面料。而用孔雀羽捻线刺绣的服饰，举世仅此一件。

孔雀羽穿珠彩绣云龙纹吉服袍，是清代乾隆朝宗室用于喜庆吉日的吉服袍，是故宫博物院藏唯一一件通身结合铺翠、穿珠绣以及刺绣三种工艺绣制的吉服。虽是宗室、亲王穿用的吉服袍，但与皇帝按清代服饰制度御用的九龙十二章纹的吉服袍相比，此袍在形式、工艺、材质、纹饰诸方面有着极其独特的亮点，具有独到的匠心和巧夺天工之处。

一、形制

皇帝的吉服袍即宫中通称的“龙袍”。宗室的吉服袍或称为“蟒袍”，其名袭明制。明沈德符《万历野获编》载：“蟒衣为象龙之服，与至尊所御袍相肖，但减一爪耳。”徐珂《清稗类钞》载：“蟒袍，一名花衣，明制也。”按《大清会典》规定，清代宗室吉服袍上的龙纹虽为五爪，但是不可装饰十二章纹，不可用石青色、明黄色；皇太子以下不可用金黄色。

孔雀羽穿珠彩绣云龙纹吉服袍形制为圆领，大襟右衽，马蹄袖端，直身式袍服，左右开裾。按清制，服饰的等级越高，开裾越多。皇帝的龙袍，都为前后左右四开裾，宗室的蟒袍只能两开裾，而且开裾的尺寸也小于龙袍，此件左右开裾长约20厘米。虽然用料珍稀讲究，工艺繁复罕见，但从服装形制上看，此件不是龙袍而是蟒袍。笔者观察此件未褪色部分的底料（图1），颜色不是石青色，而是蓝色，因此可以断定此件不是皇帝御用服饰，而是宗室用蟒袍。

二、纹饰

孔雀羽穿珠彩绣云龙纹吉服袍的全身用穿珠绣技法绣制五爪珍珠大龙九条，还分别在袖端、领等处用丝线绣制了正龙四条，龙纹之间

图1 孔雀羽穿珠彩绣云龙纹吉服袍

装饰绣有八吉祥、暗八仙、八宝纹、三多纹、仙鹤、红蝠、五彩祥云、流火纹以及海水江崖等传统吉祥图案，囊括了最美好的传统吉祥寓意。

按清制，吉服的下幅和袖上臂绣有海水江崖。无论水纹高低，均称为“立水”。立水纹形式变化最多的是乾隆朝。这一时期的立水，往往一改之前康雍时期立水的规矩、严肃，而是在部分规矩水纹的基础上，将水纹演变成波涛，波涛间饰以杂宝、花卉、蝙蝠、山石，体现出端庄中追求灵动、尊贵中彰显华丽的审美取向。而乾隆以后各朝，立水的表现则略显呆板。尤其是晚清，多数立水几乎只是作为清代吉服的一个符号存在，失去了清中期以前的华美灵动的活力和彰显个性的审美意趣。此件吉服袍成衣于乾隆盛世，下幅的海水江崖纹饰几乎占整个身长的三分之一，海水的设计突出了层次感、立体感，使人更深地体会到福山寿海 、江山永固的吉祥寓意。海水波纹中间饰花卉、蝙蝠、山石、祥云，给人华丽、灵动且富有活力的感觉（图2）。吉服袍海水的晕色技法采用三晕过渡，由浅而深，使全袍色彩鲜丽又不失柔和，华美又不失雅致。

龙纹，是清代舆服制度规定的吉服纹饰。此件吉服袍的龙纹线条豪放流畅，龙姿呈标准的“三停九似”状，舒展自然（图3），张扬着唯我独尊的霸气，但按舆服制度规定应称为“蟒”，而不是“龙”。在清代，宗室和百官服饰上的“龙纹”（实为蟒纹），不可因其等级低就可以变形或按臆想随意为之，相反，端庄霸气的龙纹更能体现穿着者对皇帝的景仰和崇拜。因此，笔者所见故宫院藏蟒袍上的龙纹，无一不是端庄、规整，霸气十足。

此件吉服袍在九条大龙间装饰的其他吉祥图案，也都具备乾隆朝刺绣工艺的特点。以仙鹤（图4）为例，飞翔的形态婀娜多姿，背羽、尾羽、腿、喙、灵芝，无一苟且。虽只是方寸之间，但从设计到材质，从配色到针法，都丝丝入扣，毫不敷衍。

此件吉服袍虽然设计了诸多吉祥图案，但是并没有象征皇权的十二

图2 海水纹

图3 行龙纹

图4 灵仙献寿纹

章纹样，从这个角度也证明了这是一件宗室用吉服袍。设计者在不僭越清代服饰制度的前提下，使用多种材质、吉祥图案和丰富的配色，一方面，迎合乾隆朝追求新奇、多变的时尚，另一方面，用丰富的图案传达美好的吉祥祝福。

三、材质

底料，是刺绣工艺的基础材料。底料的致密与否，不仅决定着刺绣图案针脚的细密程度，也决定着刺绣作品留存的时间长短。换言之，底料越致密，施针时针脚也越细密（图5），所绣纹饰附着力也就越强；反之，如果底料的经纬稀疏，那么施针密了就挂不住针脚，而施针稀疏，作品就会显得粗糙。作为生活实用品，服饰要有牢固、耐磨的品质。所用绣线再细，也会比纺织的经纬线粗，时间久了，稀疏的经纬线承受不住绣线的重量，所绣花纹或者变形，或者从施针处断裂开。因此一件好的刺绣作品，要从底料的选择开始。

这件吉服袍的底料是蓝色五枚缎，五枚缎最早可追溯到南宋的“五丝”，实物多见于明代。清中期以前，宫廷服饰用面料还可见五枚缎，以后逐渐被七枚缎、八枚缎取代。五枚缎的织物组织是一根经丝压四枚纬丝，其经线细而加弱捻，纬线稍粗，不加捻。织物表面呈现经浮长线，富有光泽，手感挺括牢固。我们从图5中可见，放大40倍的底料织造均匀细密，经纬清晰，是乾隆时期上好的纺织面料。现在坊间所言、市场所见的“妩媚缎”，并非用传统五枚缎的技法织造，而是用现代电动纺织机械织造的七枚缎、八枚缎，由于经线压的纬线多，丝质光泽被更好地表现出来，因此颇受当今世人喜爱，但由于经纬线交织点少于五枚缎，因此织物牢度不及五枚缎，手感柔软，世人或称为“软缎”。至于“妩媚缎”的名字，则是商家的商业技巧而已，万不可与五枚缎混为一谈。

我们从图5可见，在40倍显微镜下，绣线虽然很细，但还是粗于底料的经纬线，由于底料是用五枚缎，经纬密度大，经纬线交织点的缝隙极小，绣线穿过底料时，才容易和经纬线咬合成一体，刺绣的图案牢度随之增强。

也正是由于选用了很好的底料，绣材的选取才有了较大的空间，还选用了丝线、捻金线、捻银线、米珠、珊瑚米珠，并大量使用捻孔雀羽线，绣线品种之多，是传世服饰文物中较为鲜见的。

绣线是刺绣艺术最重要的载体，设计者的理念是通过绣线表达的，即所谓“以针代笔，丝代墨色”，因此绣线是作品成功的重要因素。此件除刺绣用常见的无捻擘丝线外，还选用了捻金线、捻银线、龙抱柱线、合色线、捻孔雀羽线等，从不同的角度体现设计者追求新奇独特的构思。

捻金、银线是将金银制成箔后，切细丝，捻在丝线芯上，捻制时，不可用金银细丝完全严密包裹住丝芯，要露出些许丝芯，否则捻好的线就会硬，需要弯曲时，线条会显得生硬且不流畅（图6）。金银线在表现龙髯和图案勾边时，有中国画线描的艺术效果，同时金属的光泽也张扬着皇家的豪华和霸气。

缉线又称为“龙抱柱线”，是两股丝线捻制而成，其中一股线加强捻，使之形成均匀的颗粒状，用于表现龙鳍或是穿珠绣图案的勾边，可衬托出米珠的饱满，加之丝光辉映，仿佛一粒粒比米珠更小的珠粒（图7）。要把线捻得如此之均匀，颗粒饱满，实属不易，古代刺绣艺人的奇思妙想、手艺奇绝可见一斑。

合色线是将同色系一深一浅的两股丝线加弱捻而成，用于表现晕色和颜色的过渡（图8），一般合色线采用平针绣制即可达到晕色

图5 底料与绣线

图6 捻金银线

图7 龙抱柱线

图8 合色线

和谐的效果。

孔雀羽线，是将直径0.3毫米左右的孔雀羽的羽小枝，捻在直径0.2毫米左右的丝线芯上而成。与捻金银线一样，捻制时不可将丝芯完全包住，以免捻好的线变硬（图9）。孔雀羽线捻制时既要捻得细而均匀，又要不伤及羽毛，难度非常大。孔雀羽是经年不褪色的，它幽幽的蓝绿色荧光来自于自然光与波长相似微结构的相互作用。笔者观察此件吉服袍前身、后身和掩襟内的颜色不一样，并非孔雀羽褪色，而是由于长年展览使前身的羽毛部分脱落，变得稀疏，露出的底料褪色了，而掩襟在前襟的掩盖之下，所以掩襟孔雀羽及底料颜色保留完美。

清宫绣品所用米珠，专指一种用于服饰或装饰的细小珍珠，颗粒大小随设计而定。此件米珠最小的直径不足1毫米，大的不超过2毫米，将其放大40倍可见粒粒圆润饱满（图10）。通身绣龙及其他图案所用的米珠数以万计，要做到粒粒如一，毫无差池，其工之难，可想而知。何况每一粒

图9 捻孔雀羽线

图10 米珠

图11 珊瑚珠

都要打孔，穿针引线，钉绣在底料上，真可谓“此技只应天上有”。

珊瑚珠一般是随原料原形的，不甚圆润（图11）。此件吉服袍全身选用的珊瑚珠色彩一致，没有杂色，非常不易。通常，在一支珊瑚上颜色也不可能完全一致，选用数万粒如此细小的珠粒，做到色彩一致，绝非一日之功。

四、绣工

此件吉服袍是清代乾隆朝苏绣最为杰出的作品之一。各种针法穷其巧变，将栩栩如生的龙纹、花卉、吉祥图案立体地展现出来，至今为止无人超越。

平套针（图12-1、12-2）巧用五色丝线，着力表现的是海水江崖纹饰及其间饰的花卉、吉祥物。施三蓝色丝，由浅入深地表现出海水的层次；施五彩色丝、米珠，表现花卉、吉祥物的立体感。套针（图13）表现花瓣

图12-1 平套针
图12-2 平套针
图13 套针
图14 滚针

12-1	12-2
13	14

的色彩变化。而合色线虽是施以平针（图8），但由于合色的独特效果起到了晕色的作用。滚针（图14）是用于勾勒线条的，这里的滚针不仅针脚匀密，每一线条的间距也相等，颇有中国画线描的意趣。网绣（图15）是在底料上以平针绣好底色后，用色丝勾勒图案。传统网针可以变化出十余种勾勒图案，要求打底的平针不仅要平齐细薄，还要很好地遮盖底料的颜色，以表现出色彩的层次。打籽针（图16）讲究的是籽粒饱满圆润，均匀一致，晕色时每一粒籽的颜色都可不同。苏绣打籽的手法有十余种，不同的图案打不同的籽，表现的光泽不同，凸浮感也不同。斜缠针（图17）用于表现稍宽些的边，比如暗八仙纹饰中的扇子边。如果用滚针勾勒，会略显单薄，没有层次感；用斜缠针，会给人写实的感觉。

因为此件吉服袍绣材的丰富，钉线绣被大量运用，穿珠、金银线、绢线、孔雀羽都是钉绣的，甚至扇子面等处也是钉绣的。钉线绣是另取针线，将绣材钉在所需的图案上，可使绣材凸浮在底料表面，有较强的立体

图15 网绣
图16 打籽
图17 斜缠针
图18 缉线绣

15	16
17	18

感。穿珠绣的针法有两种：一是将米珠穿成串钉绣；二是一粒一钉，要根据图案部位需要决定怎样钉绣。钉绣金银线时，捻金银线并不穿过底料，而是盘在所需图案上，然后将这些金银线钉在底料上，所以又有“盘金绣”一名。缉线绣表现的是龙的鳍，角、髯、口、尾以及多处图案的勾边（图18），钉绣时要按照鳍、角、髯、口、尾等处的纹理运丝，根据图案设计的要求选取粗细合适、色彩相宜的线材，才能达到用缉线表现立体感的目的。孔雀羽线并不像丝线、捻金银线、缉线一样顺滑，而是绒状的，羽小枝上孔雀绿的绒毛不规则张扬着，捻成绣线绒毛也是无序的。经钉绣，绒毛很好地遮盖了底料原有的颜色，给人的感觉仿佛底料就是孔雀绿色，这就是举世罕见的铺翠工艺。这一工艺达到了巧夺天工的境界，代表着清代刺绣技艺达到了较高的水平。

值得注意的是，我国古代用鸟雀羽毛制作服装的历史可上溯到南北朝，历代文献也有记载，《异物汇苑》：“唐安乐公主使尚方合百鸟毛织为裙，正视旁视各为一色，而百鸟之形状皆见。”明代吴梅村词云：“江南好，机杼夺天工，孔雀妆花云锦烂，冰蚕吐凤雾绡空，新样小团龙。”清叶梦珠《阅世编》：“今有孔雀毛织入缎内，名曰‘毛锦’，花更华丽……”清曹雪芹《红楼梦》中也有晴雯夜补孔雀裘的详细描述。实物可见的有定陵出土的明万历皇帝的孔雀羽织金妆花纱龙袍料、黄无极灵芝纹地织金孔雀羽妆花四团龙缎袍料、红如意云纹地织金孔雀妆花八团龙缎袍料等。但是，这些记载和实物反映的都是用孔雀羽线织造的衣料，而不是采用刺绣工艺装饰出的纹样。虽然史料早有“刺绣铺翠”这个工艺名词，但是故宫现存铺翠工艺的服饰实物，仅此一件，可见其罕见、珍贵。

孔雀羽穿珠彩绣云龙纹吉服袍为清代用铺翠工艺绣制的吉服袍仅存的珍品，是清代织绣工艺珍贵的实物资料，在织绣文物研究上占有重要地位，也是深入研究清代冠服制度的重要史料。曾在故宫珍宝馆长期陈列，并收入《中国美术全集·织绣》《国宝》《故宫文物大典》等故宫经典图录。2012年赴日本东京国立博物馆展出，是此件吉服袍唯一一次走出国门，饱享盛誉。

承满服之本　摹汉服之式
——清宫便服

在《大清会典》等文献中，并没有规定清宫便服的款式、纹样、用色、用途等，但这不等于没有严格的制度，便服的用色、纹饰同样得遵守森严的等级制度。清代便服的形式繁复多样，纹饰丰富别裁，色彩高雅柔和，是其他款式服装不可比拟的。

清代以满族传统服饰特征为主体的服饰制度，是其政治制度、典章制度的重要部分。整个服饰体系分为礼服、吉服、行服、戎服、常服、便服等种类。服饰的细节必须遵守严格的等级制度，并且适合野外征战生活的实际需要。因此，清代服饰形制、款式都要装饰简练、穿脱方便、便于骑射、严实保暖，这不仅是生活在北方严寒地区的民族生存的需要，更是建立和巩固一个以少数民族为统治者的新政权的必要手段。

在《大清会典》等文献中，并没有规定清代便服款式、纹样、用色、用途等，但它的形式繁复多样，纹饰丰富别裁，色彩高雅柔和，是其他款式服装所不可比拟的。笔者从清代便服由简约质朴到奢华考究演变的历史背景入手，对清代便服的种类、服用，以及工艺特点，包括面料工艺、图案设计、边饰工艺等做以综述。

一、便服变化的背景

清初，统治者视服饰制度为国家政治制度的重要部分，关乎政权存亡，因此对服饰制度非常重视，有严格的等级界定。在入关前，太宗文皇帝已经着手厘定服饰制度，严厉整肃有悖于典制的行为。清入关后，中原官民经历了一场服饰习尚的大变革。顺治十年（1653年），世祖章皇帝曾下诏训斥："近见汉官人等，冠服体式，以及袖口宽长，多不遵制。……如仍有参差，不合定式者，以违制定罪。"

到了清中期，皇帝对于维护服饰制度高度重视。乾隆十七年（1752年）三月二十日，高宗纯皇帝谕令立训守冠服骑射碑。他重申了皇太极崇德元年（1636年）十一月癸丑训谕，说："皇祖太宗圣训所垂，载在《实录》，若非刊刻宣示，则累朝相传之家法，外庭臣仆何由共悉。且自古显谟令典，多泐之金石，晓谕群工。我皇祖太宗之睿圣，特申诰诫，昭示来兹，益当敬勒贞珉，永垂法守。著于紫禁箭亭、御园引见楼及侍卫教场、八旗教场，各立碑刊刻，以昭朕绍述推广至意。"乾隆三十七年（1772年）十月，高宗纯皇帝审阅三通馆进呈所纂《嘉礼考》后，回顾北魏、辽、金、元历代北方游牧民族入主中原后更改服制的过程，再次重申："祀莫尊于天祖，礼莫隆于郊庙。溯其昭格之本，要在乎诚敬感通，不在乎衣冠规制。夫万物本乎天，人本乎祖，推原其义，实天远而祖近，设使轻言改服，即已先忘祖宗，将何以上祀天地。"乾隆帝对于服饰制度的重视，说明服饰制度是与江山社稷的安危联系在一起的，严格维护满洲服饰制度，就是维护满洲贵族政治统治。

清中叶以后，国家积累了大量的社会财富。国库岁入数千万两的富足，为八旗贵族的生活由俭入奢提供了丰厚的物质条件。他们逐渐适应了都市生活的安闲舒适，宫廷生活追求奢华安逸的风气也迅速形成。奢侈之风催动了朝廷政治的日益腐败，统治者不再将继承骑射传统作为巩固政权的基础，骑射尚武不再是赖以为生的根本，以军事训练为目的的木兰秋狝活动基本废止。

此外，窄袖束身的袍服不适于都市生活的礼节和节奏，关内气候相对温暖，八旗贵族已不需要常年保暖的服饰，因此，清代宫廷服饰借鉴中原民族服饰的特点，宽襟博袖的服饰应运而生。道、咸以后随着朝廷对各方面礼制的禁限放宽，曾经骁勇善战的满洲贵族已不再重视继承本民族传统，转而追求日益宽松、华丽的服饰。宫廷服饰中出现了氅衣、衬衣等纯粹的燕居休闲服装，便服中的其他款式也融入了些许中原民族服饰的因素，如宽襟博袖、固定式立领，以及华美的绦带镶边工艺。

从传世的清代宫廷服饰中看，道光以前，无论是《大清会典》严格规定的冠服、吉服、行服、常服，还是燕居便服，在形式、纹饰、色彩、质地上都基本依循其旧制，宽襟博袖的款式非常鲜见。服装的腰身、袖子、下摆都比较合身，穿着者无论是飞身上马，还是寒暑穿脱，都非常方便。仅就马蹄袖端的宽度而言，一般是18厘米左右，放下后恰好盖住手背，易于行礼，还可以保温和护手。故宫院藏传世便服文物中没有道光朝以前的宽襟博袖式样服装。

道光以后，宽襟博袖服饰的出现明显地昭示了满族生活的改变——征战骑射不再是这个曾经戎马倥偬的民族生活的主要内容；宫廷生活繁缛的礼节和悠闲的生活节奏，使得宽襟博袖的服饰更受到贵族和后妃的喜爱。于是，在改变中原民族服饰的某些特点后，宽襟博袖的服饰应运而生，这在便服中表现得尤为突出。清中晚期以后的礼服、吉服等有严格典制规定的袍服，其袖端尺寸也逐渐加宽，有的达30甚至40厘米。慈禧执政时期，宽袖端袍服尤为流行。有的礼服、吉服甚至将已织绣好图案的面料重新加宽袖端，再行缝制，明显露出了无花纹的素色底料。马蹄袖更多地成为装饰，不再遵循祖制强调其民族服饰的特征，也不再强调其保暖护手的功能。礼服、吉服等尚且如此，日常穿用的便服可想而知。

宫廷燕居便服从束身窄袖到宽襟博袖的变化，反映出统治者不再坚持清初实行的“立国之经”。改变宫廷服饰，成为都市生活的需要，也成为融合汉民族文化、风俗，从而巩固政权的需要。因此，装饰华美繁复的便服逐渐在宫廷内大行其道，不仅宫眷服饰如此，男用便服也以追求华丽繁复的装饰为时尚。

晚清政权因奢靡加速了腐败，政以贿成，因循懈怠导致政府逐渐失去对社会诸多方面的控制，社会处于变动相对激烈的转型时期。随着西方文化的侵入，各种时尚流行，“咸同而后渐染苏沪风气，城镇尤甚，男女服饰厌故喜新”。“同光间，男子衣尚宽博……上海繁华甲于全国，一衣一服，莫不矜奇斗巧，别出心裁。其间由朴素而趋于奢侈，固足证世风之日下。”在这种风气的影响下，礼服、吉服尚有典章制度不可逾越，宫廷中的后妃便服却首先时尚起来。我们从故宫院藏服饰文物中可以看到，道光以后的便服实物数量及款式增多，装饰越来越华丽。从宫中朱批奏折中可以看到，清中期以后，便服的制作数量已经很多。同治十二年（1873年）十月，“传派苏州织造毓秀造办缂丝龙袍褂三套，氅衣三十六件，衬衣五十九件，解到银八万五千两，其中工料银七万五千八百一十八两”。这在一方面说明到同治时期，由内务府造办的便服，成为宫中需用量较大的日常服饰；另一方面，清晚期便服不再是我们所见到院藏的道光以前那种制作比较简单的、窄袖束身、素色或暗花的满族传统便袍等，而是有了多种款式，而且清晚期宫廷的便服，已然背离了清初服饰制度的传统，逐渐成为宫廷重要的服饰之一。

二、便服的种类及其服用

在清代浩如烟海的档案中，皇帝有《穿戴档》可以考证每日穿戴的服饰及其场合，后妃们的穿戴没有文字资料可以考证。事实上，清代宫廷便服穿用的场合很多。因其在内廷穿用，款式可以不受繁缛典制的约束，不仅种类多，穿着舒适，还可以随意搭配。便服华丽的装饰、缤纷的色彩、寓意丰富的吉祥图案及其繁复的工艺，迎合了后宫的审美追求，因而受到后妃欢迎。故宫博物院藏传世便服的数量、质地、花色、制作，足以说明这一点。

（一）便袍

便袍是满族传统的日常服饰。皇帝便袍的款式为圆领，大襟右衽，无接袖，平袖端，左右开裾，直身式袍服。清宫《穿戴档》称其为“衫”。皇帝便袍因为只在寝宫穿用，以舒适宜人为前提，无须拘泥于典制，因此，没有满族服饰特有的马蹄袖端，其他形式袭其旧制。面料一般为素色或暗花的绸、缎、纱等，没有五彩织造的绸、缎、纱、缂丝面料和刺绣纹饰及装饰衣边。蓝色二则团龙纹暗花实地纱便袍（图1），是较典型的皇帝便袍，面料织造精细，提花清晰，质地柔软滑爽，是皇帝在后宫中较为舒适的服饰。我们可以从咸丰四年（1854年）七月十六日的《穿戴档》中见到相关记载：“……办事后，至中正殿等处拈香毕，还养心殿。换酱色轻纱衫……”又，七月十九日“……办事后，至寿康宫康慈皇贵太妃母前请安毕，还养心殿，换蓝实地纱衫……”可见便袍（衫）是皇帝日常不可或缺的服饰。后妃的便袍，多注重面料及其纹饰的华丽，边饰较少，款式则沿袭满族传统直身式袍服，圆领，大襟右衽，窄袖口，平袖端，无接袖，不开裾（图2～图4）。晚清，有些人将直身式的便袍与氅衣、衬衣混淆，通称为“便袍”。其实，便袍与氅衣、衬衣的宽襟博袖不同，保留了满族传统服饰的窄袖口，袖长及腕，男款左右小开裾，女款不开裾的特点。

通常便袍是贴身穿的服饰，外面可以穿坎肩、马褂。后妃还可以在便袍外面穿褂襕、氅衣等。由于便袍是燕居休闲服饰，所以，除在用色、用料、龙纹上仍须遵循《大清会典》的有关规定，严禁僭越外，在穿用时各款的搭配、图案均可随所欲。

图1 蓝色二则团龙纹暗花实地纱便袍

图2 月白色彩花卉蝶织锦夹袍

1

2

图3 黄色蝶穿牡丹地景纹夹便袍

图4 蓝色折枝菊花纹妆花缎夹便袍

图5 洋红色缎打籽绣牡丹蝶纹夹氅衣

（二）氅衣

故宫藏清代宫廷氅衣的实物最早见于道光朝，清宫氅衣改变了中原氅衣的对襟款式，将其改造为具有满族服饰特点的样式，形制为直身式，身长至足面，穿着时露出旗鞋的高底。圆领，捻襟右衽，左右开裾至腋下，并在腋下饰如意云头。双挽阔平袖端，日常穿用时呈折叠状，袖长及肘，也可以拆下钉线，做舒袖穿用（图5、图6）。袖口内加饰绣工精美、可替换的“挽袖”，方便拆换。四季穿用绵、夹、纱随所欲。笔者考察故宫院藏文物，道光朝以前，没有氅衣这类宽袖及肘、平袖端的便服，其他宽襟博袖的服饰非常鲜见。

清晚期，氅衣的服用日渐增多，面料图案也逐渐由传统的龙、凤、暗花团龙、暗花团寿等，变得更具个性化，更加华美绚丽。如意馆的画匠们把后妃们喜欢或需要的纹饰设计在衣服小样上（图7），刺绣或者织造为绚丽华美的面料，在适合的场合穿着，迎合主位喜好。徐珂在《清稗

类钞》中记载，光绪朝时，慈禧太后庆六十大寿，喜欢团鹤鹿同春的图案，因“鹿鹤皆享遐龄，松亦四季常青，于以颂扬万寿耳”，一时间“朝士从风而靡，团龙遂不入时矣”。可见晚清便服图案及其装饰虽受典章礼制的束缚渐少，但其弃传统而重时尚的风气，也并不都是民间时尚影响所致。

图6 品月色纳纱花卉纹单氅衣

图7 线描半彩云凤纹纸衣样

6 | 7

氅衣的面料以刺绣和缂丝为主，刺绣面料是最为华彩的，分为彩绣、珠绣和平金银绣等。在素色缎、绸、纱上施以针黹，不仅能传达出图案的吉祥寓意，也通过运针的技法展现丝线的质感和光泽，图案灵活多变，晕色自然，具有立体感，更能迎合晚清宫廷追求奢华、体现个性的风尚。

织造面料的氅衣中，暗花绸、纱的面料较为传统，在氅衣出现之始的道光朝比较多见，织金缎和妆花面料的氅衣非常鲜见。不仅因为织造工艺繁复，造价昂贵，也因为传统的纹饰不能适应晚清宫廷便服追求展现个性的时尚。如黄色织金绸葫芦双喜纹女绵袍（图8），面料所用双喜葫芦

图8 黄色织金绸葫芦双喜纹女绵袍

万代织金缎是传统图案，寓意“福禄喜万代”。但是，这种面料图案规矩呆板、个性不鲜明的风格在晚清并不时尚。需要说明的是，这里所说的“袍”并不准确，皆因当时管理服饰的太监文化水平有限，将部分大襟服饰记作“袍”，这种现象并不鲜见。

缂丝面料的织造较为繁复，晚清的缂丝、缂金技艺还受国力影响，图案呆板，用丝和捻金较粗，并不受后妃们喜爱，如蓝色缂金团寿字纹夹氅衣（图9），图案规矩呆板，并不迎合晚清宫廷便服注重表现个性的时尚，用色老成，显然是老年或寡居后妃的服饰。

服饰镶边虽是细节，但在清中期以后的后妃便服的变化中显得尤为突出。嘉道以后，开始流行用民间称为“鬼子栏杆”的洋花边装饰服装。《清稗类钞·服饰》载：“咸同间，京师妇女衣服之滚绦，道数甚多，号

图9 蓝色缂金团寿字纹夹氅衣

曰‘十八镶’。”渐入宫中后，这种花色绚丽的绦边用于氅衣的镶边，从一两道直至六七道不等，宽窄不一，质地不一，工艺不一，绚丽华美，很快被后妃们所接受。从现藏实物可见，清晚期，夏季纱、绸、缂丝氅衣的边饰之繁缛，甚至重于服饰面料本身，一方面是因为继承了入关前满洲贵族以镶饰皮边为美的传统，另一方面是融入了汉族民间妇女服饰以多重镶边为美的理念。

氅衣的平袖端是满族传统服饰所没有的。满族传统的服饰均为窄袖，马蹄袖端。氅衣则为阔袖，平袖端，这是为了适应宫廷生活的节奏和关内相对温暖的气候，也是有悖传统的重大改变。平袖端内装饰多层刺绣精美的挽袖，一时成为后宫的时尚。杏黄色绸绣藤萝蝶纹镶领袖边女夹氅衣（图10）将这种时尚发挥到极致，袖端的边饰、挽袖多达六层，甚至比

图10 杏黄色绸绣藤萝蝶纹镶领袖边女夹氅衣

轻薄的绸质面料更为厚重，这种装饰风格在晚清便服中并不少见。

氅衣是四季均宜的服饰，夏季以单的缂丝、绸、纱居多，春、秋和冬季用皮、绵、夹随所欲。里子一般选用素纺丝绸，用色常见有品月色、湖色、月白色、粉色、红色等。明黄色素纺丝绸里子为皇后、皇太后专用，等级低的嫔妃不可僭越。

（三）衬衣

衬衣是晚清宫廷后妃服饰中最具代表性的服饰之一，也是一款装饰华贵鲜丽、制作工艺繁复、日常穿用频繁的便服。清代衬衣的形制为圆领，大襟右衽，直身式袍服，沿袭了满族传统服饰的基本要素。衬衣的两侧没有开裾，行走时不会露出腿部，因此衬衣是可以单独穿用的便服。衬衣的外面还可以套穿马褂、坎肩等短款服饰，或开裾较大的褂襕、氅衣等便服。与氅衣一样，衬衣袖口为双挽平阔袖，日常穿用既可以做挽袖穿用，也可以放下挽袖做舒袖穿用。

一般来说，衬衣穿着的场合比较频繁。清宫每当三月、九月服装换季，无论天气冷暖，都要奉旨守制换装。薄质的缂丝、纱、绸等面料难以抵挡春秋早晚寒凉，因此就出现了面料软薄而里子绵厚的衬衣。这些衬衣有内絮薄绵的，也有挂各种皮里的（图11-1、图11-2）。这样，既无抗旨违制之嫌，又有保暖舒适之实。这是清代后妃便服中比较特殊的现象。

清宫衬衣的历史与氅衣一样，实物最早可见于道光朝。之前，游牧民族的生活习惯和严格的服饰制度，使之对燕居服饰鲜有注重，因此，衬衣出现的初期，并没有专门织造、绣制的衬衣衣料，不是像礼服、吉服或便袍等服饰一样，先由如意馆绘制服饰小样，再行织造。衬衣是由便袍料改造而成的，以紫色缎绣折枝花卉纹衬衣（图12-1、图12-2）为例，我们可以从刺绣图案的形式上看出一些不同，这件衬衣为紫红色素缎面料，绣四季吉祥花卉22种，间绣翠鸟、仙鹤、百灵、蜻蜓、蝴蝶等传统吉祥飞禽草虫，形态生动多姿。工艺上，所用针法有缠针、套针、戗针等十余种传统技法，针脚平细且富于变化。底料接缝处绣工平齐，毫无接缝痕迹。这件衬衣所附黄条两枚，其一墨书："览紫缎绣花夹衬衣一件。道光八年十月十九日收敬事房呈。"其二墨书："紫缎绣花卉夹衬衣一件。"确切交待了这件衬衣的成衣年代。但是，仔细观察这件绣制精美的衬衣，所用衣料原来是窄袖口的便袍衣料，从衣袖的刺绣图案可见，原有袖口花纹仅绣制20厘米宽，而衬衣的袖口为29厘米，展宽部分是没有绣制花纹的，出现了一条由窄渐宽的"留白"。这种现象在故宫院藏道光朝的衬衣、氅衣面料中并不鲜见，说明道光朝时将便袍料改为衬衣或氅衣料不足为奇。随着晚清生活追求舒适、奢华，衬衣逐渐成为后妃日常服饰的主流，于是有了专

图11-1 月白色绛金凤牡丹纹
上羊皮下灰鼠皮衬衣
（正面）

图11-2 月白色绛金凤牡丹纹
上羊皮下灰鼠皮衬衣
（掩襟）

11-1
11-2

图12-1 紫色缎绣折枝花卉纹衬衣（正面）

图12-2 紫色缎绣折枝花卉纹衬衣（背面）

12-1

12-2

门织造、绣制的衬衣料，袖口的“留白”才消失。

我们从宫中朱批奏折中可以看到，光绪二十年（1894年）二月八日：“……着三处织造织办龙袍褂面，氅衣、衬衣、马褂、紧身等件，个随本色本花样边，赶紧照单织办，限于本年十二月内解京。钦此……奴才优查前项奉传龙袍褂面，氅衣、衬衣、马褂、紧身共计八十七件，系属要需……”“照单织办”说明同光时期已经有了衬衣的服饰小样，而且，不再是用便袍衣料改制成衬衣，服装装饰也从传统比较简单的镶边装饰，逐渐演变成装饰“本色本花样边”的华丽服饰。“系属要需”，说明穿用场合比较多。宫廷便服从窄袖束身到宽襟博袖的变化，反映出统治者不再将整肃服饰制度作为巩固政权的手段，也反映出，曾经骁勇善战的马上民族逐渐放弃了曾经赖以维生的马背生活方式。

晚清对衬衣这类便服的使用，虽然在制度上的整肃稍有宽松，但在一些要素上，仍严守清代的服饰制度。比如用色，明黄色仍是皇太后、皇帝、皇后的御用颜色。龙纹的使用仍有非常严格的规范，女用便服上出现龙纹或龙纹绦边是非常鲜见的，这类服饰通常是皇太后、皇后的御用服饰（图13）。

衬衣与氅衣在制作面料的选用，织绣工艺，领口、袖端、大襟、衣边等的装饰手法上都相类似，均以华丽繁复为美。故宫院藏清宫衬衣，以各种面料的刺绣衬衣最为华美，工艺有彩绣、珠绣和平金银绣等。针黹灵活多变，配色自如，针法细腻，图案表现更具个性，更加华美绚丽。传统针法的巧妙使用，不仅传达出图案的寓意，也展现丝线的质感和光泽，使图案灵活多变，晕色自然，更具有立体感。这些衬衣手感滑爽，穿着舒适，更能迎合晚清宫廷追求奢华、体现个性的风尚（图14）。

（四）马褂

马褂是满族传统服饰中的行服之一。据清赵翼《陔余丛考》记载，马褂是满族骑马时所服用。“凡扈从及出使者皆服短褂、缺襟袍及战裙，短褂亦曰‘马褂’，马上所服也，疑即古半臂之制……既曰‘半臂’，则

图13 明黄色绸绣三蓝百蝶纹衬衣

图14 品月色缎平金银绣菊花团寿字纹绵衬衣

13

14

其袖必及臂之半，正如今之马褂。”徐珂《清稗类钞》载：“马褂较外褂为短，仅及脐。国初，惟营兵衣之。至康熙末，富家子为此服者，众以为奇……雍正时，服者渐众。后则无人不服，游行街市，应接宾客，不烦更衣矣。”可见，马褂由行服演变成便服是雍正朝以后的事。这时，逐步稳固政权的满洲贵族已经逐渐适应了宫廷生活的礼节和节奏、都市生活的安闲与舒适，以及关内相对温暖的气候。社会财富逐渐积累，为宫廷生活由俭而奢准备了丰厚的物质条件，社会生活的日趋安定使得马褂作为行服的利用率逐渐降低，而马褂的保暖及穿脱便利的功能却被很好地保留和利用起来。

清中期以后，马褂成为清代满族男女咸宜的燕居便服，男女款形制略有区别。男款形制是圆领（晚清有圆立领），对襟，身长及胯，有开裾，袖长分为长短两种，长者及腕，短者及肘，平袖端（参见33页图5）。女款形制是圆领（晚清有圆立领），身长及胯，有开裾，平袖端，袖长及腕者边饰相对简洁（图15），袖长及肘者边饰繁复（图16），并可见袖口内镶饰挽袖的款式，挽袖展开可做舒袖穿用，但较为鲜见。其襟富于变化，可见大襟（图17）、琵琶襟（图18）、对襟（图19）等诸款。多数女款马褂镶边装饰华丽繁复，面料及制作工艺更为精致考究，成为便服中独具特色的一款服饰。

因为保暖及穿脱便利，马褂通常被穿在便袍外面。多为夹或棉的，单马褂较为鲜见，除两面穿的皮马褂外，其里子多为素纺丝绸，色用粉、绿、湖、蓝、雪青等，明黄色里子为皇太后、皇帝、皇后专用，不可僭越。

清中期以前，满族宫廷便服一般为圆领，以后，才逐渐另制立领缀于领口。清晚期，立领的尺寸渐高，有的竟高达7厘米，领缘镶饰出锋，既代表了时尚，又继承了传统，成为领子款式独特的后妃便服。

在马褂衣襟款式上，对襟是最常见的。琵琶襟则仿照缺襟袍服衣襟，比对襟马褂有更好的保暖作用，《清稗类钞》所记：“马褂之右襟

图15 蓝色缎绣彩团福寿夹马褂
图16 蓝色绸绣百蝶镶领袖边夹马褂

15
16

图17 紫色绸绣百蝶镶领袖边大襟女绵马褂

图18 绛紫色缎绣淡彩大洋花蝶周身镶织金缎绵马褂

17

18

图19 石青色缎绣瓜蝶镶领袖边女夹马褂

短缺而略如缺襟袍者，曰‘琵琶襟’马褂，或亦谓之曰‘缺襟’。”大襟马褂则较鲜见，《清稗类钞》载：“马褂之非对襟而右衽者，便服也。两袖亦平，惟襟在右。俗以右手为大手，因名右襟为‘大襟’。其四周有以异色为缘者。”从款式上看，大襟马褂在传世清宫便服中比较少见，可以推见其穿用的人和场合并不多。按照满族传统习俗，年长或寡居的后妃服饰款式规矩传统，颜色较深。虽然不能因此断定大襟马褂就是年长或寡居后妃的专用服饰，但这类圆领、大襟款式马褂，用色沉稳凝重，花色简洁疏朗，做工规矩传统，是符合年长或寡居后妃淡定清闲的生活节奏及其服饰特征的。

1. 皮马褂

两面穿用的马褂一面为各式质地轻柔的名贵皮草（图20），一面为暗花绸或缎，因为两面均可穿用，故所用丝绸面料更为讲究，多用素缎、暗花缎、暗花绸等。这类马褂多为出行时穿用，仍有行服褂的功能。马褂在皮向里面穿着时，领口、袖端及下摆会露出毛锋，称为“出锋”（图21），是满族服饰的装饰手段之一，也是区分贵族与平民的标志之一。

清嘉庆明黄色暗葫芦花春绸草上霜皮马褂（图22），一面为明黄色暗葫芦花四合如意祥云春绸，另一面为名贵的草上霜皮。徐珂《清稗类钞》记：“草上霜为羊皮之一种，质类乳羔，以其毛附皮处纯系灰黑色，而其毫末独白色，圆卷如珠，故名。以为裘，极贵重……”草上霜皮质柔软轻薄，穿着轻便舒适。衣边、袖端露出里面皮卷曲的毛锋，宛若满洲贵族服饰的“出锋”。绸面向外穿用时华丽庄重；绸面向里穿用时，因绸面的光滑，套在袍服外面穿脱方便。

清嘉庆明黄色暗团龙里双喜字皮马褂（图23），皮毛面料为貂皮，通身用熏貂皮镂空雕双喜字46个，用青白肷皮嵌成。拼皮工艺精巧细腻，皮毛顺滑，皮板平整，字体工整清晰，俨然天然生成一般，极具仿真的装饰效果。衣襟、袖端在貂皮与明黄色里子中间另镶貂皮出锋，貂皮板仅1.5毫米宽，且细薄如绸，而出锋毛长约1厘米，工艺精妙绝伦。此件为嘉庆皇帝做皇子时结婚期间的便服。

还有一类装饰皮边的马褂。这类马褂面料与里子均为各式丝绸，装饰非常繁复的皮质边饰。马褂面料讲究、华丽，边饰精美，是宫廷中日常穿用的便服。晚清，这种马褂因其华美而受到后妃的喜爱。

光绪果绿色暗花缎琵琶襟皮马褂（图24），圆立领口镶饰出锋，领、袖边自外向内镶饰青白肷嵌寿字貂皮边、元青色梅花长寿织金缎边、捻金线樗蒲纹蕾丝花边。装饰风格华丽繁复，既具晚清宫廷服饰以装饰繁复为美的特色，蕾丝花边又有外来装饰风格的特征。值得一提的

图20 杏黄色缎玄狐皮马褂

图21 石青色缎貂皮马褂

20

21

是，青白肷镶寿字貂皮边，是在貂皮边上镂空雕出长寿字、团寿字的纹样，再嵌入青白肷皮。青白肷是动物腋下薄而柔软的皮，面积小且不易得，用来嵌字，经精致缝纫如皮毛长就的图案一样，工艺之精湛，令人称奇。马褂采用果绿色牡丹纹暗花缎面料，织造精致规矩，提花清晰，春寒料峭时穿用，既不呆板沉闷，又烘托出镶边的华丽。马褂后背里面镶有羊皮，为保暖用，衬雪青色素纺绸里。此件是晚清宫廷便服的代表

图22 明黄色暗葫芦花春绸草上霜皮马褂

图23 明黄色暗团龙里双喜字皮马褂

22

23

作之一，如此款面料质地、工艺完全相同而面料颜色不同的马褂，并不鲜见。

绛紫色绸彩绣折枝桃花团寿字周身镶貂皮夹马褂同样是清代后妃穿用的便服（图25）。按照清宫服饰礼俗，面料所绣花卉必须与节令相符，这件马褂应是春天的早晚后妃们穿在袍服外面的服饰。马褂的绛色素缎面上彩绣折枝桃花，间饰团寿字。图案疏朗大方，设色和谐雅致，

图24 果绿色暗花缎琵琶襟皮马褂

图25 绛紫色绸彩绣折枝桃花团寿字周身镶貂皮夹马褂

简洁明快。极具特色的是，所有折枝桃花用金线勾边，使花卉熠熠生辉，图案颇具立体感，显现出皇家服饰的华美高贵。立领缘镶貂皮出锋，领、袖、衣边镶饰貂皮，胸前镶饰貂皮缝制的团寿字如意云纹，皮衣边内辅以元青寿字织金缎边。因其款式有别于袖长及肘的马褂，故边饰并不繁复。对襟装饰如意头皮，一方面继承了满族贵族服饰以镶边为美的传统，另一方面显现出宫廷服饰端庄典雅的风范。

图26 品月色缎绣绣球梅纹夹马褂

2. 彩绣面料马褂

彩绣马褂是清宫马褂中最为华丽的品种之一，以女款居多。工艺可分为缎绣、绸绣、纱绣、平金绣、珠绣等品种。

绣工的精妙是彩绣马褂的华彩之处，最常见的是以绸、缎、纱为面料，五彩丝线绣制。

清光绪品月色缎绣绣球梅纹夹马褂（图26）是女款对襟马褂，平阔袖口内饰湖色缎彩绣绣球花挽袖，亦可拆开挽袖，作舒袖穿用。马褂采用品月色素缎为面，绣制大朵折枝绣球花，纹样写实逼真，浅驼色的枝叶既烘托了花朵的华美，又没有喧宾夺主的突兀，晕色的自然和谐，使整个图案设色显得柔和恬淡。刺绣针法传统、简洁，有平针、套针、缠针、戗针等数种，运针技法灵活巧妙，针脚平齐细腻，凸显出花朵的灵秀和立体感。马褂选用宝蓝色如意绦、元青缎绣折枝绣球花边和元青万字曲水织金缎等三种颜色较深的绦边、绣边装饰。在左、右、后开裾处盘饰如意云纹，圆领领口用各色绦边、绣边盘饰假翻领，并缀白玉镂空雕团寿字扣，用繁缛的边饰呼应了面料华美的绣工，烘托了图案设计主题，这是晚清后妃便服装饰手法之一，这种装饰手法还常见于坎肩和马褂。

马褂得以迎合后妃喜欢的原因之一，是图案可以体现时尚，张扬个性，同时用针黹表现中国传统绘画技法，使面料图案达到“画绣”的效果。

光绪宝蓝色缎平金绣云鹤镶织金边夹马褂（图27）与同样纹饰的便袍是一套服饰（图28），穿着时马褂套穿在外，是故宫院藏为数不多的可配套穿用的便服。马褂用宝蓝色素缎面，绣丹顶鹤，间饰平金绣如意云纹。构图不对称，纹样饱满而不局促，仙鹤的飞翔姿态各异，动感自然，在宝蓝色地和金色祥云纹的衬托下，仿佛与蓝天共舞。仙鹤绣工精致，平金绣鹤喙、腿，头顶的红色冠羽用套针和施毛针，身体的羽毛采用刻鳞针，并适当延长羽毛边缘浅灰色扎针的线条，形似施毛针。这种施毛鳞技法，使羽毛更具立体效果。羽毛中部用浅灰色丝线晕色，真实地将仙鹤羽毛表现出来，仿佛是用羽毛黏制而成。仙鹤的尾羽并没有写实地采用黑色，而是用偏绿的宝蓝色绣制，用金线勾边。夸张的颜色变换，使仙鹤的色彩显得灵动多样。清中期以前，这种全身绣制较大纹饰的便服非常鲜见，清晚期，注重张扬个性的图案和细节的繁缛装饰成为时尚，宫廷也出现了大量图案寓意丰富、花纹单位较大的便服。图27所示马褂所缀的立领高达七厘米，代表了当时的时尚，也使之成为领子款式独特的后妃便服。

草绿色江绸绣水墨牡丹品月团寿字夹马褂（图29）用针黹表现了中国传统绘画技法，使面料图案达到“画绣”效果，是一件绣工、构图、配色俱佳的作品。马褂运用平针、套针、打籽等简洁的传统技法，绣折枝牡丹与团寿字纹饰。花叶使用由深灰、浅灰到白色的同色系表现，晕色采取一至三色间晕与退晕相结合的装饰方法，纹饰晕色自然和谐。晚清宫廷服饰上彩绣的设色一般艳丽明快，此件则采用了中国淡彩水墨画的装饰手法与工笔画写实相结合的表现技法，使图案纹样具有典雅恬静、清丽脱俗的装饰效果，令人耳目一新。

图27 宝蓝色缎平金绣云鹤镶织金边夹马褂

图28 宝蓝色缎平金绣云鹤镶领袖边夹袍

27

28

图29 草绿色江绸绣水墨牡丹品月团寿字夹马褂

取材独特是清宫后妃马褂的特色之一，采用珍珠和珊瑚为绣材，使其独特的光泽表现出比彩色丝绣更完美的立体感。

清光绪蓝色缎穿珠绣栀子天竹镶领袖边琵琶襟女夹马褂（图30），是后妃便服中较鲜见的穿珠绣作品。马褂前后身所绣折枝栀子、天竹，花朵均用珊瑚、珍珠米珠串绣而成。珍珠和珊瑚珠的光泽，表现出很好的立体感。花叶则用传统针法绣成，烘托出珠绣花卉的丽质，整体构图疏朗简洁，配色明快。这款袖长及腕的马褂，边饰并没有附和晚清追求繁复衣边装饰的风尚，只是采用传统的元青色织金缎边，从而更好地突出了面料清雅秀丽的主题。

平金绣有别于彩绣，仅用金、银线来表现皇家服饰的端庄富贵、华美绚丽，是后妃们最为喜欢的服饰面料之一。

藕荷色缎平金银绣百蝶周身镶絛边夹马褂（图31）是年轻后妃穿着的便服，在藕荷色素缎地上平金银绣百蝶，取“耄耋”之谐音，寓祝福长寿之意。面料构图左右对称，飞舞的百蝶姿态各异。捻金绣线细致柔软，绣

图30 蓝色缎穿珠绣栀子天竹镶领袖边琵琶襟女夹马褂
图31 藕荷色平金银缎百蝶周身镶绦边夹马褂

30
31

工精致细密，将金属的反光效果表现到极致，虽然通身只用捻金线而不用彩丝，却也将蝴蝶的立体感表现出来。为了衬托华丽的面料，边饰采用元青色素缎，绣制同样的百蝶纹，并镶饰一道较窄的蝴蝶绦边，与主题相呼应，最外边仍采用传统的万字曲水织金缎边，将传统与时尚完美地结合在

一起。

3. 织造面料马褂

织造面料马褂男女款均有。马褂用织造好的匹料量身裁剪缝制而成，或是先量身，按所需尺寸、纹样、形式织造成衣料，再行缝制。织造面料的品种有缂丝（包括缂金银）、缎（包括织金缎、鸳鸯缎、罗纹缎、素缎、洋花缎）、绸（包括暗花绸、江绸、宁绸、素绸）、纱（包括芝麻纱、直径纱、实地纱、春纱、泰西纱）、罗、漳绒、漳缎、羽毛纱、羽毛缎、呢、氆氇等，是取材最广泛的服装款式。

绛色缂金银水仙花镶领袖边女夹马褂（图32）是清光绪时期后妃穿用的便服，面料为缂金银。缂织水仙花叶时巧妙变换金银线梭，将水仙叶正反面表现得立体写实、沉稳端庄。边饰图案与面料相呼应，在元青色地上缂织水仙花，盘饰假翻领、如意云头，工艺繁复精致，代表着晚清华美的装饰时尚。缂丝（包括缂金银）面料的便服，是清代织造面料的服饰中工艺较为繁复的。清中期以前面料的图案是事先设计好的，并按照穿着者身材尺寸量身织造成衣料，再行缝制，晚清这类便服有些采用匹料制作，织造的工艺、用色都比不上前朝织绣的面料。常见的缂金银面料，其捻金线的金成色比前朝所用的差，光泽晦暗，图案设计较显呆板，缂织技法简单、粗糙，虽然自古有“一寸缂丝一寸金”之说，但晚清的缂丝（包括缂金银）面料已然大不如刺绣面料受欢迎，一方面，缂丝（包括缂金银）面料本身的光泽就不如绸缎华丽，另一方面，针黹刺绣灵活多变、晕色自然、立体感强，更能迎合晚清宫廷追求奢华、体现个性的风尚。

品月色织金缎百蝠百寿纹镶边女夹马褂是一款以织金缎为面料的女马褂（图33）。面料图案为百福百寿，构图工整规矩，从用色的沉稳和装饰的简洁看，此件是年长后妃的服饰。织金缎织造细密、工艺精致。马褂边饰的图案与面料相同但用色不同，在故宫院藏的清宫马褂中，这类织金缎面料的马褂并不多见，一方面，说明穿着者较少，适用的场合不多；另

图32 绛色缂金银水仙花镶领袖边女夹马褂

图33 品月色织金缎百蝠百寿纹镶边女夹马褂

32

33

一方面，说明这类略显规矩呆板的图案并不受后妃欢迎。既然便服受到服饰制度约束较少，可以选择自己喜欢的款式、面料和图案，后妃们就更多地选择彩绣的面料，以迎合主位的喜好，更能体现突出审美情趣、张扬个性的时代特征。有记载说，光绪朝时因慈禧太后喜欢团鹤鹿同春的图案，

图34 蓝色漳绒团八宝镶蓝漳绒冰裂纹菊梅边夹马褂

取其贺寿的吉祥之意，一时间“朝士从风而靡，团龙遂不入时矣”。可见晚清服装图案及其装饰弃传统而重时尚的风气，也并不都是民间时尚影响所致。

蓝色漳绒团八宝镶蓝漳绒冰裂纹菊梅边夹马褂（图34）的面料——漳绒，是传统的丝织品之一，原产于福建漳州，故名。常见漳绒面料均为素色，织造好的漳绒表面为绒圈，按图案所需，将花纹部分绒圈割断呈绒毛状显花，图案割绒后，因为丝质的反光效果不同，花纹颜色会比未割绒的绒圈地子的色深，所以显花颇具立体感。面料的主题花纹和边饰，在量好穿着者身材的尺寸后设计、织造，织成衣料后，只须按衣边轮廓裁剪缝制，不须另外装饰其他材质的花色衣边。漳绒面料较为挺实，适用做马褂、坎肩这类穿在外面的短款服饰。这件马褂面料主题花纹为团八宝，团花正中为盘长，四周围绕伞、盖、鱼、法轮、莲花、宝瓶、法螺，合为佛教八宝，寓“八宝生辉”吉祥之意。边饰为冰裂纹上饰菊花、梅花，与面

图35 鲜蓝色漳缎石青色牡丹菊花夹马褂

料图案同时设计织造，花纹清晰，富浮雕感，割绒细密平齐，绒圈地匀细，制作工艺简洁。马褂的领子是在穿用中为保暖后装的，领内侧镶灰鼠皮，并按传统形式饰有出锋。

另一种常见的马褂面料是漳缎，面料织造方法是花纹织成绒圈，地子织成缎地，割绒后，地子光亮滑爽，花纹绒毛细密，宛若浮雕。漳缎的特点是地子光泽亮丽，织造时，花纹可用不同于地子的色丝，割绒后，花纹显现异色，浮雕感很强。如鲜蓝色漳缎石青色牡丹菊花夹马褂（图35），采用蓝色地，石青色花纹，典雅素净，早春日常穿用，随意舒适。

4. 黄马褂

黄马褂是马褂中用途较为特殊的一类服饰。按清制，明黄色是皇太后、皇帝、皇后专用颜色，他人不得僭越。但是《听雨丛谈》有载："巡行扈从大臣，如御前大臣、内大臣、内廷王大臣、侍卫什长，皆准穿黄马褂，用明黄色。正黄旗官员、兵丁之马褂，用金黄色。勋臣军功有赏给

图36 黄色羽毛纱夹马褂

黄马褂，赏穿黄马褂之分，赏给只所赐一件，赏穿则可按时自做服用，亦明黄色。”《啸亭续录》有载：“凡领侍卫内大臣、御前大臣、侍卫、乾清门侍卫、外班侍卫、班领、护军统领、前引十大臣，皆服黄马褂，凡巡幸，扈从銮舆以为观瞻。其他文武诸臣，或以大射中侯，或以宣劳中外，上特赐之，以示宠异云。”可见黄马褂也是皇帝近臣、侍卫以及有军功者的专用服饰，有特殊的意义。黄马褂的面料有缎、绸、纱、羽毛纱等，均为素色或暗花，没有彩织或彩绣面料。

黄色羽毛纱夹马褂（图36）是清代中期以前较典型的黄马褂，面料为羽毛纱。羽毛纱是外国进贡的生羊毛织物，织物组织为平纹，织造致密平细，具有防水功能，宛若鸟羽的防水功能，清代称其为“羽毛纱”。清王士祯《皇华纪闻》载：“西洋有羽缎、羽纱，以鸟羽织成，每一匹价至六七十金，着雨不湿，荷兰上贡止一二匹。”可见在清代，羽毛纱是较贵重的进口织物，用于做黄马褂面料，既坚牢耐磨，又具有保暖防雨功能，是御用之物。

马褂是由清代军旅服饰演变而成的帝后燕居服装。马褂的装饰方法与风格，体现出清代早、中、晚期，由简约朴素到奢华考究，由实用性强到追求装饰效果，最后发展为形式多样且突出审美情趣、张扬不同个性的时代特征。缤纷琳琅的帝后马褂，以其精致的用料、夸张的绦边镶滚、精美的织绣工艺，谱写了清代宫廷服饰中华彩的乐章。

（五）坎肩

坎肩是皇帝和后妃皆可穿用的便服，古称“裲裆”，又称为“紧身”、“背心”、“马甲”。坎肩一般为圆领（晚清也有立领），无袖，左右开裾，身长及胯。坎肩的襟分为对襟、琵琶襟、大襟、一字襟和人字襟。对襟、琵琶襟形式与马褂相仿，但无袖。

大襟的坎肩，有人称为“军机坎”。《听雨丛谈》：“军机坎，制如马褂而右襟，袖与肘齐，便于作字也。道光初年，创自军机处。因军机入值，最早最宴，衬于长褂之内，寒易著，暖易解，故又曰‘褂衬’，又曰‘半袖’。以杂色缎帛皆可为之，不必定如马褂之用青色也。数十年来，士农工商皆效其制，以为燕服，镶缘愈华，益失其义。”故宫院藏大襟坎肩并没有“袖与肘齐”的款式（图37），均为无袖，右衽，其他样式如对襟坎肩，清宫档案的名称记载也没有“军机坎”一说，由此可见帝后、嫔妃穿用的大襟坎肩与“士农工商皆效其制，以为燕服”的“军机坎”并不相同，不可称为“军机坎”。

一字襟坎肩又称为“巴图鲁坎肩”，巴图鲁为满语音译，意为勇士、英雄。巴图鲁坎肩形式比较特别，为圆领（晚清也有立领），无袖，领口缀一扣，领口下缘左右均为裁开式，并分别缀三扣或七扣成一排，襟呈“一”字状，故曰“一字襟”。衣襟左右腋下分别缀三扣，共十三枚扣，民间有人称为“十三太保”（图38）。若把所有扣解开，呈前后不相连的两片。《清稗类钞》载：“京师盛行巴图鲁坎肩，南方称为‘一字襟

图37 品月色梅花万代团寿字纹织金缎女夹坎肩
图38 月白色暗八仙团牡丹万字纹织金缎夹坎肩

37

38

图39 灰色缎绣朵兰纹琵琶襟夹坎肩

马甲'，例须用皮者，衬于袍套之中。觉暖，即自探手，解上排纽扣，而令仆代解两旁纽扣，曳之而出，藉免更换之劳。"

人字襟坎肩与一字襟坎肩相仿，形制为圆领（或立领），无袖，左右开裾，束腰，领口缀一扣，领口下缘左右为略向下裁开式，使襟上端呈"人"字状，并分别缀三扣，故曰"人字襟"，一般为女用。（图39、图40-1、图40-2）

坎肩在宫中得以流行，不仅是因为民间时尚的影响，还因其非常方便穿在袍服里面或外面，穿在里面有保暖功能，穿在外面又增加了装饰功能，而且穿脱方便，搭配随意，是非常实用的便服。

图40-1 湖色缎绣孔雀开屏琵琶襟夹坎肩（正面）

图40-2 湖色缎绣孔雀开屏琵琶襟夹坎肩（背面）

40-1

40-2

（六）褂襕

褂襕又称为“比甲”、“大坎肩”，上身似坎肩，下身似直身式袍服。相传是元世祖的皇后所创，“元世祖后察必宏吉剌氏，创制一衣。前有裳无衽，后长倍于前，亦无领袖，缀以两襻，名曰‘比甲’。盖以便弓马也。流传至今，而北方妇女尤尚之，以为日常用服”。清代宫廷后妃的褂襕，一般都称为“大坎肩”，是常见便服；皇帝的大坎肩，在故宫藏品中较少见。大坎肩是融合了不同的服饰文化而成的，分为大襟和对襟两种，其中对襟大坎肩有的在开裾处饰有飘带，后妃在春秋季节或早晚寒凉时穿着在衬衣、便袍外面。

大襟大坎肩形制为圆领，大襟右衽，无袖，身长至膝下，左右开裾。如同治元青色缎平金银绣百蝶纹夹大坎肩（图41）的面料用色较深，盘金绣百蝶纹，意喻百寿，边饰较简洁，腋下用绣边、绦带盘饰小朵如意云头。此件褂襕面料用色沉稳不失华丽，图案活泼但不张扬，绣工精致细密。按满族风俗，老年或寡居的后妃穿用的服饰用色较深（图42），以彰显端庄稳重的仪态。这些老年后妃穿用的大坎肩，在装饰设计细节上，与晚清宫廷便服流行的华丽装饰略有区别，比如边饰去繁缛、重简洁，更突出了端庄典雅的设计风范。

对襟大坎肩分为左、右开裾和左、右、后开裾两种。皇帝的对襟大坎肩形式为左右开裾，无袖，直身式，身长至膝下。如康熙蓝色宁绸夹大坎肩（图43），面料为暗花宁绸，素雅简洁，镶有貂皮领，实用但不奢华，展现了康熙朝便服的特点。后妃的大坎肩均为圆领，无袖，直身式，身长至膝下，除开裾有所区别，在穿用上并无过多限制，有些对襟大坎肩的左右开裾处缀有装饰性飘带。对襟大坎肩的装饰非常华丽，边饰尤为讲究，胸前、腋下和后开裾处用绣边、绦带镶饰大朵如意云头，飘带下端也装饰与衣边同样的边饰，是后妃日常穿用的便服，穿着场合比较随意，与里面的衬衣、便袍搭配也随其所欲。

图41 元青色缎平金银绣百蝶纹夹大坎肩

图42 石青色缎平金绣云鹤纹夹坎肩

图43 蓝色宁绸夹大坎肩

41 | 42

43

图44-1 品月色缎彩绣百蝶团寿字夹大坎肩（正面）
图44-2 品月色缎彩绣百蝶团寿字夹大坎肩（背面）

44-1
44-2

因为后妃的大坎肩是穿在外面的服饰，所以，做工尤为讲究，设色尤为华美，如光绪品月色缎彩绣百蝶团寿字夹大坎肩（图44-1、图44-2），品月色素缎地上绣五彩百蝶，蝴蝶婀娜多姿，五彩缤纷，图案左右对称，一丝不苟，既彰显了年轻后妃的个性，又不失宫廷服饰的规矩端庄，绣工精致，无论是绣线擘丝，还是金线的捻制，都堪称完美，是晚清

图45-1 品月色缂水墨海棠花纹夹大坎肩（正面）
图45-2 品月色缂水墨海棠花纹夹大坎肩（背面）

45-1
45-2

后妃服饰精品。品月色缂水墨海棠花纹夹大坎肩（图45-1、图45-2），面料图案是仿传统绘画中水墨技法的缂丝，与边饰图案相呼应，左右对称，浓淡相宜，仿佛翰墨绘制，华丽中彰显雅致，俊俏中不失端庄。这类设计好图案织造的缂丝便服衣料，在晚清已经少于前朝，此件是品相完好的精品。

图46-1 黄色云龙纹织金缎夹裤（正面）
图46-2 黄色云龙纹织金缎夹裤（背面）

46-1

46-2

清初到中期，清宫大坎肩并不是便服中引人注目的服饰，而是非常实用的御寒衣物，以实用性为主。

（七）裤

故宫院藏清代宫廷的裤，有四季之别，款式分为两种，一是有腰的裤子，男女款式稍有不同。男裤形式为斜裆，平裤口，裤腿展开呈“人”字状，裤腰为前后两片，较宽，并缝有四根腰带，有的裤脚侧开裾，缀带子，便于系腿（图46-1、图46-2）。女裤裤腰不分片，其他与男裤相同

图47 藕荷色缎蓝色大洋花纹有腰女夹裤
图48 明黄色绸绣彩荷兰蝶纹镶品月色缎边单套裤

（图47）。二是套裤。《清稗类钞》载：“套裤，胫衣也……其形上口尖，下口平……加于棉裤、夹裤、单裤之上……大率为男子所用，若在妇女，则惟旗人及江苏镇江以北者始著之。”故宫院藏传世套裤基本与《清稗类钞》所述相仿，形式为两条裤腿不相连，裤腿上方呈锐角，上端分别缀带两条，其中一条为环状，穿着时系于腰带上。裤脚为平口，后侧开裾，下端分别缀两条带，用于系紧裤腿。套裤套于内裤之外，起遮挡和装饰作用（图48）。

（八）袄

袄为有里子的上衣，一般穿在袍服里面，是历史悠久的服饰。故宫院藏清代宫廷的袄与民间之袄几无差异，款式有圆领、立领之分，平袖端，袖窄，袖长及腕，身长及胯，左右开裾，有大襟、琵琶襟、对襟等样式。袄一般分为夹、绵两种，夹的用于春秋御寒（图49），绵的是寒冬穿

图49 银灰色缎彩色方胜纹小夹袄

图50 绿色云凤纹暗花绫绵袄

用，里面絮有丝绵（图50），因为穿在里面，所以并不注重装饰的华丽，但所用面料和里子非常考究，力求柔软舒适。

三、便服的装饰工艺特点

便服作为清代宫廷中装饰华丽、工艺最为繁复、形式最具特色的服饰之一，面料的选用十分讲究，常见以缂丝，暗花缎、绸、纱，漳绒，以及各色刺绣居多，织金缎、羽毛纱、织造工艺繁复的各类妆花等相对鲜见，其中刺绣中有彩绣、珠绣和平金银绣等工艺。

刺绣面料针黹灵活多变，配色自如，不仅传达出图案的寓意，也将丝线彩绣的质感和光泽展现出来。图案有传统的龙、凤、暗花团龙、暗花团寿等，更多见四季花卉、八宝、杂宝等具有吉祥寓意的图案，变化更具个性，更加华美绚丽。后妃们可以把自己喜欢或需要的纹饰设计在衣服小样上，刺绣为绚丽华美的面料，在适合的场合穿着，或显示皇家内眷的端庄高雅，或迎合各宫主位的喜好。面料底子多为素色缎、绸、纱、罗等，技法几乎囊括了所有传统刺绣针法，常用的有套针、缠针、平针、滚针、戗针、拉锁子、平金银、打籽、纳纱等针法，而工艺独特的珠绣，则通过珍珠独特的光泽，使面料图案更具有立体感，更显华贵。

便服中的缂丝面料，在清代织造面料中属工艺较为繁复的品种。清中期以前，事先设计好面料图案，再按照穿着者身材尺寸量身织造。晚清织造面料的工艺、用色都不如前朝。缂丝面料多见于缂织花卉轮廓、着笔晕染色彩的，缂金面料的氅衣、衬衣等，捻金线的成色比前朝所用的较差，光泽晦暗，图案设计呆板，缂织技法简单粗糙（图9）。虽然自古有“一寸缂丝一寸金”之说，但这时的缂丝（缂金）面料已然大不如缎绣、绸绣、纱绣受欢迎。一方面，缂丝面料本身就不如绸、缎华丽，有光泽；另一方面，针黹刺绣灵活多变，晕色自然，立体感强，更能迎合晚清宫廷追求奢华、体现个性的风尚。

便服的面料所饰图案，大多以传统的吉祥图案为主。清中期以前，一般为暗花面料，图案以团龙、团寿等纹样居多，装饰较为简单。清晚期，为了迎合慈禧太后的喜好，多数图案为花卉、草虫、八宝、杂宝、团寿字等，花纹单位相对较大，一般是图案左右对称（图51），大图案是前后对称（图52），寓意吉祥、长寿、幸福。灵活变换的针法和色丝，将花鸟草虫表现得栩栩如生，因此有“朝士从风而靡，团龙遂不入时”的说法。按清制，后妃穿用便服时，其面料纹饰必须与季节时令相符，四季花卉的纹饰尤为讲究，不可错乱。

便服的边饰是其最突出的特点之一。有些夏日薄质的便服，所用的华美繁复的边饰，甚至比衣服面料本身还要厚重。满族服饰以镶边为高贵，清初就已有贵族装饰皮衣边的风尚。一些贵族用名贵的毛皮剪裁成条，镶于领口、衣襟、袖端，作为缘饰，称作“出锋”。除了皮袍、绵袍，一些夹服也如此，以显示身份和尊贵。在中原地区，清中期以后，民间妇女服饰各种丝质镶边日趋复杂。《清稗类钞》载：“咸同间，京师妇女衣服之滚绦，道数甚多，号曰‘十八镶’。”这种风气渐入宫中，后宫

图51 明黄色绸绣彩球梅花纹绵马褂

图52 月白色绛丝凤梅花纹灰鼠皮氅衣

的日常服饰也因此而时尚起来。同光以后，这种镶边装饰日益繁复，已经不再是满族服饰原有的、朴素的皮边饰或简单的一两道绦边，而有愈繁愈美的趋势。一般来说，其中较窄镶边的是用机织的绦带或素

图53 绿色纱绣枝梅金团寿字镶领袖边单袍

图54 湖色缎彩绣绣球蝶纹女夹袍

缎、素绸的滚边，相对宽的一道饰边的质地、工艺和图案，与服装面料质地相同，但其颜色与鲜丽的面料反差较大，大多深于面料颜色，以突出华丽面料及其精致的织绣工艺（图53、图54）。但是，也有的

图55 品月色缎绣玉兰蝴蝶纹夹氅衣

服饰镶边为浅色，是为了迎合穿着者的喜好而做。光绪品月色缎绣玉兰蝴蝶纹夹氅衣（图55）就是在品月色素缎上绣折枝玉兰和蝴蝶，衣襟、袖端镶饰粉色二龙戏珠纹绦边、粉色缎绣折枝玉兰蝴蝶纹边、宝蓝色万字曲水织金缎边。用色一反清代传统服饰镶边色重于服装主体色调的风格，而是使用相对浅一些的粉色，但是配色非常和谐，既突出了面料的华美，面料与镶边又浑然一体，成为完美的组合。值得一提的是后妃的便服上镶饰龙纹饰边，非常鲜见，可以见到的图片只有慈禧太后着氅衣坐像中氅衣的边饰有一道二龙戏珠绦（图56），而这件氅衣的图案是慈禧太后喜欢的纹饰——折枝玉兰，与其乳名“兰儿”谐音。氅衣的绣工异常细腻精美，边饰的颜色同样比面料用色浅，做工比同时期的同类便服做工更为规矩讲究，是同治光绪时后妃服饰精品之一，因此不排除这是慈禧太后的御用服饰。

清宫多数便服是穿在外面或是可以单独穿用的，因此织绣工艺非常

图56 慈禧太后着氅衣旧照

讲究。绛色缎绣牡丹蝴蝶纹夹氅衣（图57），以绛色素缎为地，用色厚重端庄，镶有宽窄不同的绣边、绦边四道。虽然绦色不同，但镶边图案与服装主题相呼应，折枝牡丹生动写实，蝴蝶婀娜多姿。全身图案对称而不局促，饱满而不呆板，十多种针法灵活变换，细腻娴熟，晕色自然和谐。针脚工整平齐，做工讲究精致。虽是年长者服用的深色服装，并无压抑呆板之感，是清代后妃氅衣中的精品。粉红色纱绣海棠纹单氅衣（图58），是年轻的后妃夏日穿用的便服。折枝海棠花有着“玉堂富贵”的寓意，鲜艳的配色洋溢着热情活泼的春夏气息。芝麻纱面料的纱孔规矩细密，通透挺括，代表着清代纺织技术的高超水平，穿着凉爽舒适。袖端的装饰绦边和接袖多达六层，把清代后妃服饰的装饰风格表现到极致。因为面料轻薄，绣工的精致显得尤为重要。至于这件氅衣的绣制，擘丝细过发丝，运针灵活娴熟，绣出的花卉平齐细薄，手触几乎感觉不到绣线凸浮于纱地表面，但绣线晕色的巧妙，又使得折枝花卉颇具立体感，工艺之精湛可谓妙手

图57 绛色缎绣牡丹蝴蝶纹夹氅衣

图58 粉红色纱绣海棠纹单氅衣

57

58

天成。

满族传统的服饰一般是圆领的，需要时穿上领衣（图56）。领衣是一种有领子而无袖的、极小的牛舌式坎肩，穿在圆领的袍服里面，将领子翻在袍服外面，为颈部保暖。女式领子还有一种是一条长而窄的绣有各式图案的丝质领巾，一端掖在领口的第一个和第二个扣中间，一端垂在胸前（参见154页图7）。清中期以后，便服中的马褂、坎肩等也有镶上立领的，立领质地及其工艺，一般与服饰面料相同（图35、图40）。

扣子，是清宫便服中另一种极具特色的装饰。清中期以前的服饰上，扣子品种较少，一般为铜镀金光素扣、铜镀金錾花扣和石青色素缎盘结的扣，扣襻为2厘米左右。清中期以后，扣襻逐渐加长至4–5厘米，甚至更长，所用材质为传统的石青色素缎或石青色织金缎。晚清扣饰的变化主要体现在宫廷女眷便服中，其中最主要的变化体现在材质和样式上。除前述传统扣子外，还出现了珍珠扣（图59）、玉扣（图60）、翡翠扣（图61）、料石扣（图62）、蜜蜡扣（图63）、珊瑚扣（图64）、铜镀金累丝镂空串米珠纽扣（图65）、机制金属扣等，其中以金属币式扣和各式玉扣居多。玉扣异形造型主要有荷叶形、蝙蝠形，一般圆扣图案有镂空雕团寿字、浮雕五蝠捧寿等，这些制作精致的币式玉扣是清晚期特有的。我们所见到的许多扣饰的扣鼻是问号形的，这是因为这些扣饰是可以随意取换的，晚清宫廷后妃便服中有许多衣服是两侧襟上都只有扣襻，没有扣子。穿用时，可根据个人的喜好随心所欲地替换，只须取来扣饰，挂住两边的扣襻即可。晚清样式繁多的扣子和巧妙的使用方法，为华丽的便服又添一道风景。

清代宫廷便服，就其宽襟博袖的款式来说，背离了清初统治者的立国之本。最初的清代宫廷便服相对简单洗练，实用性较强。后来受民间“十八镶”影响，边饰逐渐繁复起来，并有越繁越美的趋势。这不仅反映了晚清统治者逐渐有悖于祖训，不再将保持游牧民族服饰特点作为维护、

图59 串米珠料珠纽扣
图60 白玉扣
图61 翡翠纽扣
图62 蓝料扣
图63 蜜蜡琥珀纽扣
图64 珊瑚纽扣
图65 铜镀金累丝镂空串米珠纽扣

59	60
61	62
63	64
65	

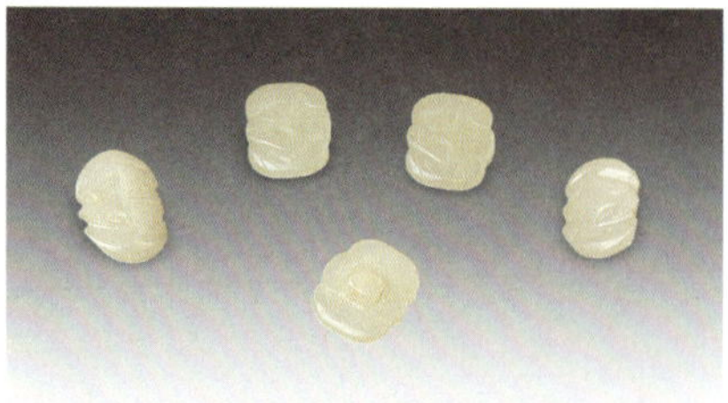

巩固政权的基础，也反映了服饰制度在政治制度中重要性的衰微。服装款式逐步追求舒适、华美和奢侈，是政治制度腐败的必然结果。此外，清末至民国以后，受到外来文化影响，华美的清宫便服与满族服饰特点鲜明的袍服相融合，逐渐演变成旗袍，突出了女性身体的曲线美（图66），成为中华民族服饰中的奇葩。

图66 婉容着氅衣旧照

秉皇室庄重　展法事尊严

——清宫五色法衣

法衣是藏传佛教密宗做重大宗教法事活动时，由皇帝颁赏赐予大喇嘛穿用的服饰，有着浓重的宗教和政治色彩。精致的法衣制作反映了朝廷对藏传佛教佛事活动的重视，也是清代鼎盛时期织绣工艺不可多得的实物资料。

法衣亦称“如法衣”、“应法衣”、“佛衣”。《释氏要览》卷上说：“律有制度，应法而作，故曰法衣。”璎珞法衣是藏传佛教密宗做重大宗教法事活动时，由皇帝颁赏赐予大喇嘛穿用的服饰。法衣之五色各有象征：白色象征西方阿弥陀佛，蓝色象征北方不空成就佛，黄色象征中央毗卢遮那佛，红色象征南方宝生佛，绿色象征东方阿閦佛。清代宫廷用五色法衣分为裳、袖、云肩、饰品等部分。

裳，呈上窄下广的片状，下幅为委角。裳分两层。裳面为素色缎料，自下而上用五彩丝线绣海水江崖、莲花宝座，面左右对称绣金色双鱼、宝盖，五彩云纹间饰红蝠、法轮、海马、如意、珊瑚等，裳腰平金绣相向金龙两条，缘饰石青色织金缎边，平两色金线、丝线绣回纹边。裳面上层缀网状璎珞，璎珞间饰雕刻莲花、菊花圆板，腰间饰椭圆形雕佛像板，所雕佛像以行空母为主。璎珞下幅缀饰明黄丝穗及铜镀金钟。裳用窄细缎带系于腰间，裳里衬素缎（图1）。

袖，呈上宽下窄的套袖状，素色缎面上用五彩丝绣祥云、莲花、红蝠、金色双鱼及海水江崖，袖口缘饰石青色织金缎边，绣回纹边，间饰两色平金，并在上臂和袖口缀饰雕刻铃杵和莲花璎珞，里衬素缎（图2）。

云肩，正四边形，中间为圆领口，缀松石或红珊瑚扣。云肩分两

图1 红色缎绣璎珞法衣（裳）

图2 红色缎绣璎珞法衣（袖）

1

2

图3 红色缎绣璎珞法衣（云肩）

层，下层素色缎为地，四角绣平两色金绣如意云头，两道平金边中间绣回纹，间饰轮、螺、伞、盖、花、罐、鱼、肠等佛教八宝，花纹端庄大气。上层缀饰雕叶衣佛母像板及璎珞。穿着时，胸前一角垂饰平金绣如意云头及五彩绣释迦牟尼佛像，相对一角在背后，另外相对两角在左右两肩，左右及后角缀明黄丝穗；前后缀饰铜镀金钟，里衬素缎（图3）。

饰品，圆雕花板和穿珠成的耳饰一对，缀饰明黄色丝穗；雕花板和穿珠成的护臂一对，缀素色缎带；饰雕四大天王像板璎珞一条，缀素色缎带（图4）。

璎珞，梵语称“枳由罗”，即“编玉而悬于身者”，因此“璎珞”从玉，不从丝之“缨络”。以璎珞装饰法衣有非常久远的历史，《南史·林邑国传》记载：“其王者著法服，加璎珞，如佛像之饰。”清宫旧

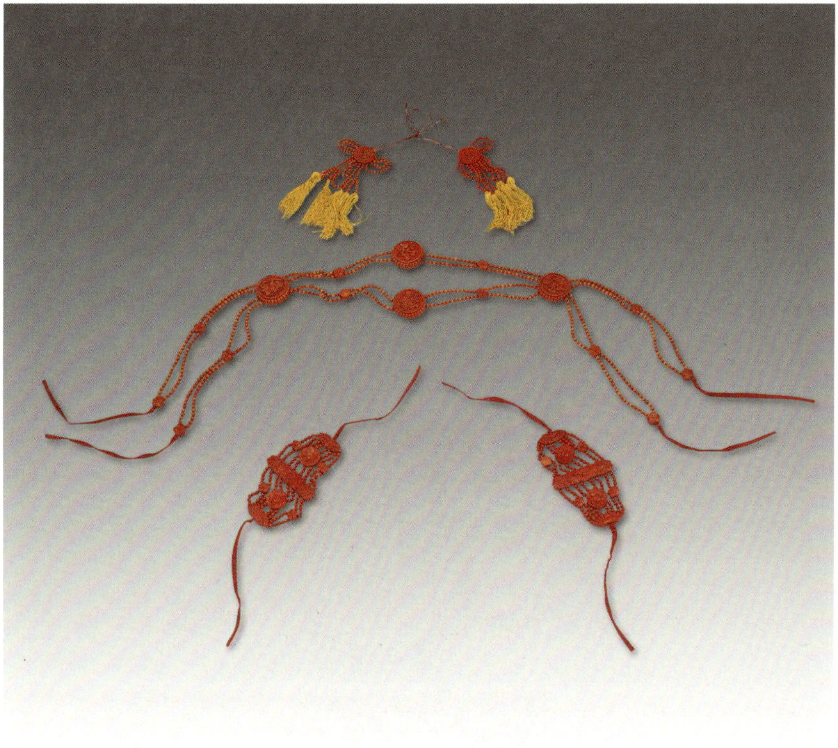

图4 红色缎绣瓔珞法衣（饰品）

藏的五色瓔珞法衣，根据不同颜色，所用瓔珞的材质是不同的，一般为象牙、染牙、染骨、砗磲。其中，象牙和砗磲为鲜见的材质，不用分量较为沉重的玉料。精美的雕刻和昂贵的造价体现了宗教活动在皇室生活中所受到的尊崇。

本文介绍的五款乾隆时期法衣为世所鲜见，是清宫旧藏珍品，与宗教文物爱好者共飨。

一、白色缎绣缀象牙瓔珞法衣

白色象征西方阿弥陀佛。以白色素缎为地绣饰五彩图案及红色回纹边，并饰白色象牙雕刻瓔珞（图5）。此套法衣除以上介绍的裳、袖、云肩外，另附有素绫画象皮一张（图6），象皮以素白绫为里、面，面上描

图5 白色缎绣缀象牙瓔珞法衣

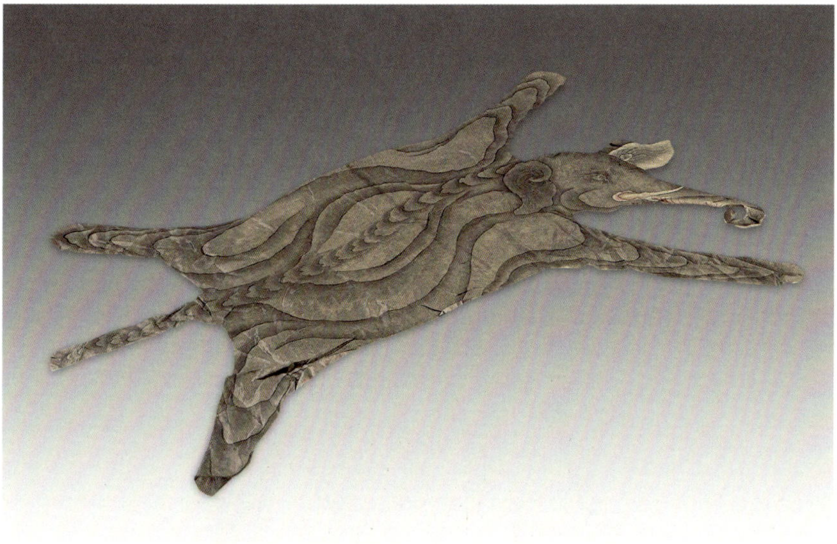

图6 本色素绫画象皮

绘象形，是藏传佛教本尊和护法神的法器和裙衣，做法事时将其填充，可作为护法神的酬补供献。

此件法衣用白色象牙雕刻佛像板装饰穿珠瓔珞，象牙之材，取之不易，但其质柔韧细腻，其色洁白素雅，用于宗教活动中的法衣装饰，高贵雅致中彰显了虔诚的礼佛之心。白色缎绣缀象牙瓔珞法衣所用象牙为原色，雕刻线条细腻流畅，所雕佛像栩栩如生，象牙珠颗粒圆润均匀。

二、蓝色缎绣缀染骨质瓔珞法衣

蓝色象征北方不空成就佛。法衣分为裳、袖、云肩、饰品，以及素绫画虎皮、象皮各一张，用染色骨雕作为瓔珞装饰。法衣以蓝色素缎为地，绣饰五彩花纹及金黄色回纹边（图7）。法衣附带素绫画虎皮、象皮各一张（图8），素白绫为里、面。面上分别画虎形、象形。

此件法衣瓔珞所用珠及雕花板为牛骨染色，材质纹理略粗。从染色的状况可见，原意是染为蓝色，但最终褪色，现呈黄色，有部分呈微蓝、微绿色。染珠颗粒圆润均匀，佛像雕刻细腻精致。

图7 蓝色缎绣缀染骨璎珞法衣

图8 本色素绫画虎皮

三、明黄色缎绣缀砗磲璎珞法衣

黄色象征中央毗卢佛。此件法衣是清宫旧藏法衣中装饰最为华贵、保存最为完整的法衣之一（图9），除裳、袖、云肩、饰品外，还配有五佛宝冠、黑绒法冠。裳的腰带为明黄色丝线编织，宽约三厘米，穿过裳内侧的带襻，将裳系住，而不像其他颜色法衣的裳一样只缝有素缎带子，说明明黄色服饰在宫廷服饰中的等级显然高于其他颜色服饰，做工、款式较为繁复。法衣以明黄色素缎为地，绣五彩纹饰、蓝色回纹边。

五佛宝冠，是大喇嘛做法事时头上戴的冠饰，又名“五佛冠”、“五智冠”、“五宝天冠”（图10、图11）。冠饰为五叶，金质錾花，每叶上饰一尊彩绘五方佛并镶有玻璃，即《诸佛境界摄真实经》中所谓“顶有五宝天冠，天冠中有五化佛结跏趺坐”，象征其五智圆满。叶与叶之间用金刚杵相连，因年代久远，金刚杵有脱落。下饰五枚象牙雕骷髅。宝冠衬里为大红色织金缎。

黑绒法冠，是禳解仪式、驱魔、宗教舞蹈中使用的冠饰。清宫采用华贵的黑色丝绒、丝线等材料制作法冠，装饰砗磲顶子，显示出皇室对宗教仪式的重视（图12）。

图9 明黄色缎绣缀砗磲璎珞法衣

图10 五佛宝冠

图11 慈禧太后扮观音像

图12 黑绒法冠

法衣缀有黄条。正面墨书："绣黄缎缀砗磲璎珞衣一件，随银镀金镶象牙骷髅头五佛冠一顶，连玻璃片金共重二十三两，发金一件，竹珠顶镶嵌金累丝顶托束腰。"背面墨书："四十四年十月二十五收造办处呈。"这是关于此件法衣最可靠、最原始的文字资料。

此件法衣所缀璎珞是材质珍贵的砗磲。砗磲是一种珍贵的热带海底软体动物，介壳略呈三角形，大者直径可达一米，用于制作装饰品，其质坚实细腻，其声清脆悦耳。砗磲质硬，不易染色、雕刻。此件法衣所用砗磲珠及雕花板为原色，但雕刻细腻精致，珠粒圆润均匀，显出乾隆盛世清湛的雕刻工艺水平。

四、红色缎绣缀染牙璎珞法衣

红色象征南方宝生佛。此件法衣除无冠饰、衬衣外，保存完好，装饰用色鲜艳华丽，以红色素缎为地，绣五彩纹饰、绿色回纹边，并间以平金，显得华美高贵，璎珞及雕花板为象牙染色而成，染色均匀，珠粒圆润，雕刻技法细腻流畅，彰显了乾隆时期较高的工艺水平（图13）。

五、绿色缎绣缀染牙璎珞法衣

绿色象征东方阿閦佛。此件法衣分为衬衣、裳、袖、云肩、饰品五部分。法衣以绿色素缎为地，绣五彩纹饰，雪青色回纹边，色彩雅致柔和（图14）。

衬衣穿着在法衣里面，为右衽、交领、直身式夹袍，平袖端。绿色卷草纹暗花绫面，白色暗花绫里，领口及系带为红色素纺丝绸（图15）。

法衣的璎珞和雕花板为象牙染色而成，染色均匀，珠粒圆润饱满，雕刻细腻精妙，以此装饰法衣，可见皇家宗教用品追求豪华富丽而不惜工本。

六、明黄色织金缎绵斗篷

明黄色织金缎绵斗篷（图16）为藏传佛教大喇嘛在重要佛事活动时穿用的法衣。开身、立领口、肩部一周做襞积，明黄色里，絮薄棉。其领、前襟、下摆为石青色四季花卉织金缎，压红色细绦，缘黑色海龙皮边。法衣为明黄色缠枝莲织金缎，背部正中领下镶饰石青色四季花卉织金缎，并绣有六个十字相交金刚杵图案。

清代宫廷的佛事活动是非常隆重的，极受皇家重视。佛事活动所用服饰取材珍稀，做工精妙，款式规矩，费用昂贵。这些法衣由内务府督办，江宁、苏州、杭州三织造照式承制，绣工承传统苏绣工艺之精妙，以平针、斜缠针、滚针、套针、刻鳞针、平金技法为主，运针娴熟灵活，针脚精致细腻，工整平齐。花纹端庄大气，极具清乾隆时期刺绣工艺特点。璎珞法衣的制作兼用雕刻工艺、穿珠工艺等，是集多种工艺技法而成的艺术之作。

图13 红色缎绣缀染牙璎珞法衣

图14 绿色缎绣缀染牙璎珞法衣

图15 绿色缎绣缀染牙璎珞法衣（衬衣）

图16 明黄色织金缎绵斗篷

金常在
春貴人
玫貴妃

绣方寸缣幅　喻福寿吉祥

——清宫针黹活计

故宫藏各式清宫活计三万余件，方寸之间的把玩之物，包括了多种使用功能、吉祥寓意、高档材质、精妙工艺。正所谓“方寸缣帛，意扬千里”。

织绣活计既可以在掌中把玩，也可以在选秀女时成为皇权的主观意志的载体，承载着见证宫廷政治联姻和历史变迁的使命。

“活计”是中国古代对妇女刺绣、缝纫一类女红及其作品的统称。这类作品一般用于传统服装的佩饰，或是卧室幔帐内悬挂用品，以荷包、香囊类最为常见。

在清早期，因为北方自然环境的局限，织绣面料匮乏，服饰乃至随身佩囊多以动物皮子为之，或用锦缎匹料零头及旧衣服拆片缝制，极其朴素、实用。清入关之初，服装佩饰尚能沿袭旧制，有部分实用性。在皇帝的忠孝带、吉服带、行服带上都有荷包、火镰套、鞘刀等实用佩饰，如图1-1、图1-2所示的清康熙时期的忠孝带，并无过多的装饰物，实用、美观，显示出皇家气派。图2所示的清康熙行服带，简洁朴素，非常适合野外狩猎征战使用。

随着政权的稳定，满族生活由野外征战转变为都市化生活，宫廷服饰追求华美、舒适的时尚，作为佩饰的各种织绣囊袋完全失去了原有的实用功能，其名称、形状、功用、装饰工艺逐渐适应宫廷生活的内容，失去了原有的意义。本文所说的“活计”，就是按照所盛物品形状设计制作、各有其专门名称的织绣佩饰。

男用活计一般包括：荷包、扇套、表套、靴掖（或名姓片夹）、香囊（或槟榔袋）、褡裢、烟荷包、扳指套、火镰套。女用活计一般包括：

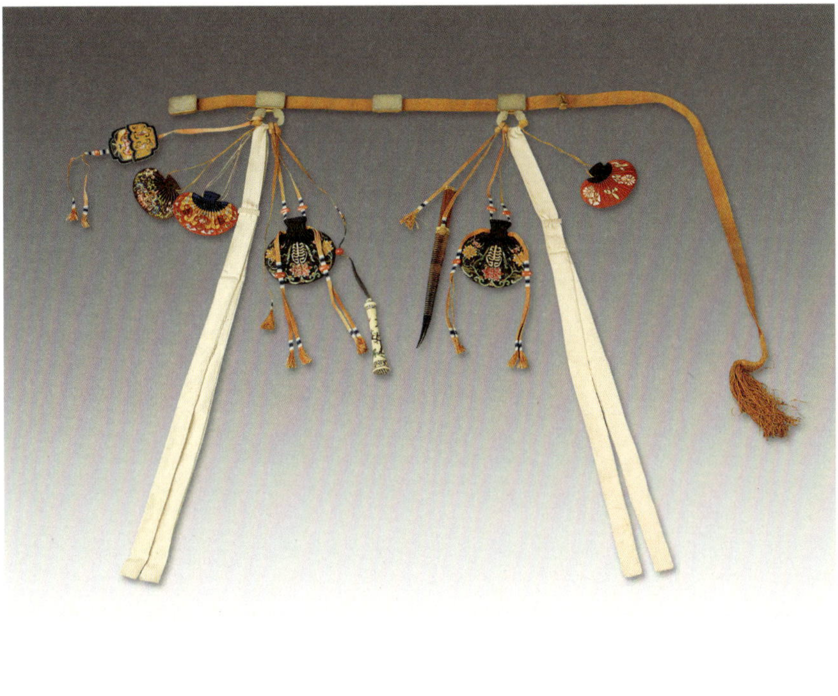

图1-1 忠孝带（原状）

图1-2 忠孝带（展开）

荷包、香囊、表套、镜套、粉盒、扇套、靴掖（或名姓片夹）、槟榔袋、烟荷包。一套多至九件，少至四五件不等，作为宫廷礼品的成套活计饰品一般为九件。

图2 行服带

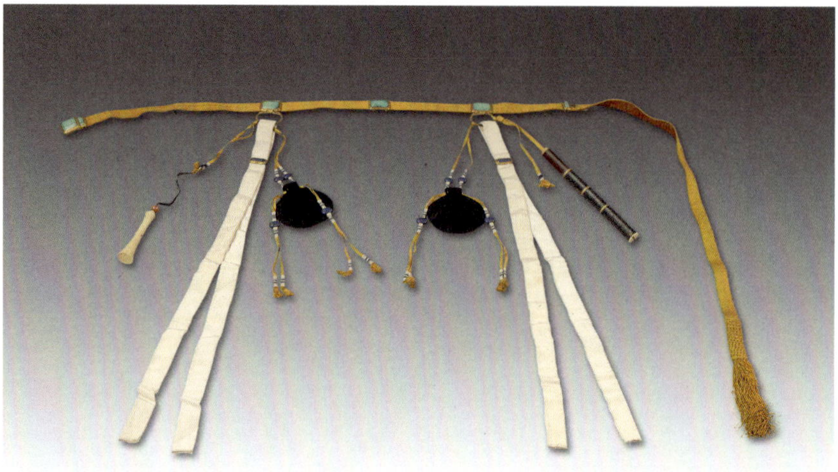

一 、宫廷织绣活计的品种

清宫所称“活计”，最初就是荷包。清初在满族服饰的使用中，活计仅仅是用来装肉干、奶酪等食品的小干粮袋，或盛装火镰套、扳指，以及烟草等实用品，以满足野外生活的日常需要。满族入主中原以后，随着战争的减少，游牧生活渐行渐远，织绣活计原有的实用功能逐渐退化，演变成各种华丽的装饰。皇室及宠臣甚至以此炫耀身份，在特定的场合，织绣活计甚至成为皇帝的主观意志的载体，承载着见证宫廷政治和历史变迁的使命。

荷包是最常用的佩饰，满语称为“法都”，是与满族的生活习惯密不可分的。清中期以后，随着宫廷生活中服饰制度、等级制度日益完善并步入正轨，日常生活不再需要常备干粮袋，荷包逐渐转变为服装的装饰性佩饰，形状由最初简单的口袋演变为腰圆式（图3、图4）、鸡心式（图5-1、图5-2、图6）以及元宝式等。做工精致，小巧玲珑，适于掌上把玩，男女都可使用。晚清的荷包更是缀以繁复的穗饰、流苏装饰，我们从宫廷画像及晚清宫廷摄影上不难找到这样的配饰，比如慈禧太后的便服画像，右

图3 黄色缎口满纳满文腰圆荷包

图4 黄色缎口满纳桃实纹腰圆荷包

3

4

图5-1 黄缎绣太狮少狮百鸟朝凤鸡心荷包（正面）

图5-2 黄缎绣太狮少狮百鸟朝凤鸡心荷包（背面）

5-1

5-2

图6 雪灰色缎平金钉线玉堂富贵鸡心荷包

腋下就佩戴着长流苏荷包（图7）。荷包面料以较为耐磨、美观实用的纳纱、缎绣、绸绣居多。

香囊既可随身佩饰，也可悬挂在幔帐内，做香薰之用（图8）。香料缝在各种造型内，坠流苏装饰。香囊、香袋的造型在织绣活计中最丰富，有器物造型（图9、图10）、花卉造型、动物造型（图11～图14）、果实造型（图15、图16）、人物造型以及几何造型等种类。

香袋则是造型设计巧妙的有盖的袋子，常见的是植物果实造型。可以通过拉动通穿香袋盖子的丝绦开启香袋，更换香料。香囊和香袋的制作因其造型的多变而工艺繁复，做工讲究、精致。成套活计中无论男女用，香囊（袋）都是必备的。清代宫廷用的香囊小巧、精致，如图17所示清道光红绸穿珠平金大吉葫芦式荷包，仅长6厘米；宽3厘米，但珠绣工艺十分精湛。除刺绣外，还有穿珠（图18）、缂丝等工艺品种，为的是悬挂在室

图7 清人画《慈禧便服像》

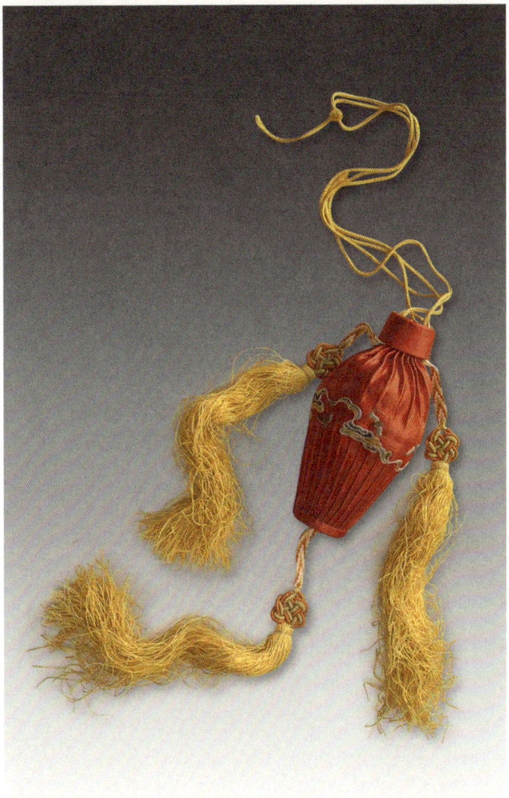

图8 故宫养心殿内景

图9 满穿米珠瓶式香袋

图10 红色缎绣云蝠坛式荷包

8

9 | 10

图11 湖色缎钉绫蝉式香袋
图12 湖色缎水墨绣金鱼式香袋
图13 红色缎平金银荷莲纹蝶式荷包
图14 彩色斑钉绫鞍马香囊

11	12
13	14

内、帐内美观，香味容易散发。

扳指是满族男子射猎时的必备之物，古称为“韘”，又称为“搬指”、“梆指”、“班指”（图19）。清入关后，随着社会的逐年稳定，野外狩猎和游牧生活转变成都市和宫廷生活，扳指逐渐由实用的工具演变成用料讲究、做工精美的装饰物。许多扳指上还雕刻了诗文、图案，皇

图15 黄色缎钉绫葫芦大吉香袋

图16 蓝色漳绒穿珠绣寿字荷包

图17 红色绸穿珠平金绣大吉葫芦式香囊

图18 满穿米珠珊瑚珠寿字瓶式香袋

15	16
17	18

室、贵族常借此炫耀身份。扳指套是盛装扳指以免磕碰损伤的小盒，是男用活计中的一款，为一筒状硬纸盒，表面装饰织绣面料，可以装一至二枚扳指，盒盖与盒穿上丝绦，开启方便。扳指套多用丝穗装饰，质地多为结实耐磨的缎绣、绸绣、纳纱等（图20、图21）。

褡裢又称为“搭膊”，原型是民间出门时搭在肩上的长形行囊，两

图19 碧玉扳指

图20 黄色缎拉锁绣灵仙祝寿扳指套

图21 黄色缎绣必定如意扳指套

19

20 21

端为口袋，并用宽布相连。清宫活计中的褡裢形式与民间的行囊基本一样，但尺寸仅及掌心大小，可装银票一类较轻薄的纸质物品，完全失去了行囊的功能，几乎成为纯粹的装饰品（图22、图23）。佩戴在腰间时，一端穿过腰带（忠孝带、吉服带、行服带），将绣有图案的一面翻在外面，与另一端图案相呼应，为男用，质地、纹饰、工艺随所欲。清代后妃服饰没有腰带，所以，成套女用活计中出现的褡裢，没有实用价值，只是装饰样品。

图22 黄色缎钉绫桃花褡裢

图23 红色缎平金绣龙凤呈祥纹褡裢

22

23

火镰套用于清代宫廷服饰的佩饰，虽然从原来的生活必需品变成了做工精美的装饰品，但还保留着一些满族游牧生活的痕迹。故宫院藏的各式火镰套中，有的里面还有金属火镰，大体呈上窄下略阔的梯形或椭圆形，基本与掌同宽。火镰套分为上下两部分，打开上盖即可露出镶嵌在套里的火镰，握在手中非常适手、得力，很有实用价值。在故宫院藏皇帝吉服带、行服带上可见到佩有火镰（图24左起第二枚）。火镰套是男用佩饰，质地除绸、缎、漳绒（图25、图26）等耐磨结实的品种外，还有一种

图24 明黄色行服带

图25 蓝色漳绒穿珠寿字插盖火镰套

24

25

富川席（又称“台湾席”）质地的（图27），是用篾草编织而成，上面缀有绣制的花卉纹饰，小巧玲珑，美观实用。

扇套，呈扁筒形。平底，为椭圆形，口略宽，有的上面有盖，系扣或别子（图28-1、图28-2）；无盖的呈如意云头等形状（图29-1、图29-2），系丝绦（图30）。扇套有单独绣制使用的，也有配在成套活计里的，质地随所欲。扇套的出现有着较浓厚的宫廷生活色彩，与满族传统的马上

图26 黄色缎平金银彩绣古钱纹插盖火镰套

图27 黄色缎绣花富川席火镰套

生活习惯相左。故宫院藏的各种吉服带、行服带等带饰中大都系佩荷包、火镰、鞘刀，甚至指南针、牙签筒，未见到有系佩扇套的。可见，扇套不是这个生活在北方严寒地区的民族的传统生活必需品。

烟荷包的形式多为一个长方形的小口袋，下半部装饰花纹，口部素色，无花纹，一般只做两个大褶，用丝绦系紧（图31、图32），这样非常便于烟袋锅伸入口袋里装烟。也有其他造型的，如墩式烟荷包（图33、图

图28-1 大红色缎绣蜀葵梅蝶扇套（正面）
图28-2 大红色缎绣蜀葵梅蝶扇套（背面）
图29-1 黄白缎绣人物风景扇套（正面）
图29-2 黄白缎绣人物风景扇套（背面）

28-1	28-2
29-1	29-2

34），造型古朴，耐磨实用。很久以来，生活在东北的各民族妇女就有吸烟的习惯，所以，在女用活计中也配有烟荷包，不足为奇。

槟榔袋原是用来装槟榔等小食品的，造型多为花瓶、葫芦等口小肚

图30 黄色缎平金绣五毒葫芦扇套

大的式样。清宫成套活计中的槟榔袋，主要功能是其装饰性，因为它仅仅是两片裱好的绣活紧紧地贴在一起，口又非常小，并没有盛装食物的空间，但作为装饰物，无论男用、女用都是常见的。因为实用价值不大，常

图31 红色缎钉绫福寿烟荷包

图32 黄色缎平金五毒葫芦烟荷包

图33 黄色缎口满纳桃花寿字墩式荷包

图34 红青缎口满纳如意福庆纹墩式荷包

31	32
33	34

作为装饰配在成套活计里（图35、图36）。

眼镜，据徐珂《清稗类钞》记载："相传出自西域，明时始行于我国。"清宫使用眼镜的历史较早，清宫档案中，有雍正帝一日内根据光线不同要更换几副眼镜的记载。宫廷常见的眼镜盒，是将织绣面料裱在长圆形硬盒或较厚的纸板袋上，起到保护眼镜和装饰作用。盒用丝绦系口，用珠石或丝结固定，同时也方便开启（图37-1、图37-2、图38）。眼镜盒可以单独使用，也常配在男用成套的活计里。在织绣活计里，眼镜盒体积相对较大，装饰图案面积略大，图案设计相对完整，寓意丰富。

图35 黄色缎锁金线彩线荷花蝶瓶式槟榔袋

图36 雪灰色缎平金钉线玉堂富贵纹槟榔袋

图37-1 黄色缎绣孔雀牡丹眼镜套（正面）

图37-2 黄色缎绣孔雀牡丹眼镜套（背面）

图38 黄色缎拉锁绣灵仙祝寿纹眼镜套

35 | 36
37-1 | 37-2 | 38

怀表套的普遍使用是在清中期以后。怀表来自西方，深得帝后及清宫上下喜爱，因此出现了用来保护和装饰怀表的表套。表套一般为花式小囊，正面开圆口并镶铜镀金圈口，以便露出怀表的玻璃表面，上口用丝绦系紧防止怀表滑脱（图39、图40）。女用表套的工艺更为精致细腻，形状更为小巧。表套可以单独使用，佩戴在腰带、衣襟上。成套活计里也不可或缺，但表套的正面图案装饰面积相对较小，只能取与同套活计相符的图案，重点为之。

靴掖，顾名思义是掖在高筒靴子口里的，形式为用织绣面料做成的

图39 红色缎辫绣蟾宫折桂表套
图40 黄色缎平金绣五毒葫芦表套
图41 红色缎辫绣蟾宫折桂靴掖
图42 黄色缎平金绣五毒葫芦靴掖

39	40
41	42

长方形扁平小口袋，上端开平口，下端为弧形。一面装饰图案，另一面为素色缎，因其光滑而便于插进靴筒（图41、图42）。清李光庭《乡言解颐》中说："世有轻如袖纳，重异腰缠，比带胯而不方，视荷囊而甚扁者，靴掖是也。零星字纸，以靴掖盛之，便于取携也。"对于经常骑马的民族而言，使用靴掖是非常方便的，因此，也常见于成套活计中。

故宫还藏有晚清的名姓片夹（或盒），一说是靴掖演变的，一说则

图43 缎彩绣花鸟松鹤名姓片夹

图44-1 缎彩绣鹤鹿三羊梅雀名姓片夹（两开）

图44-2 缎彩绣鹤鹿三羊梅雀名姓片夹（三开）

是源自东洋的“名刺夹”。名姓片夹的基本形状是与手掌同宽的对折或三折小夹（图43、图44-1、图44-2），颇似当今流行的卡包。翻开，里面有若干插袋，方便分别插入字纸。名姓片盒是抽屉式扁平小纸盒，抽开小抽屉，可放置字纸或其他，盒外面装饰织绣面料，轻薄、方便，适合挂在腰间（图45、图46）。靴掖或名姓片夹的装饰面相对平整，因此装饰图案清晰完整。

图45 红色缎绣葡萄名姓片盒
图46 黄色缎拉锁绣灵仙祝寿纹名姓片盒
图47 品月色缎钉线绣四合纹团寿字粉盒
图48 雪灰色缎平金钉线玉堂富贵纹粉盒

45	46
47	48

粉盒是宫中女眷必备的。粉盒多为六边形或弧形花边形，双层。盒面装饰织绣面料，转动里层可将盛装化妆用胭脂粉的小盒旋出，小盒面只留一小圆口，以防止脂粉洒出。粉盒的设计巧妙、实用，是宫眷日常生活必不可少的。女用成套活计中的粉盒没有丝绦装饰，以便于灵活开启（图47、图48）。

镜子套是在一小块水银镜子外面装饰的套，露出镜面，背面装饰图案，有的缀有缨络。在晚清以前，水银玻璃镜子的使用并不普遍，属于贵

图49 品月色缎钉线四合纹团寿字镜套

图50 黄色缎平金绣五毒葫芦镜套（背面）

图51 红色缎辫绣蟾宫折桂镜套

49 | 50 / 51

重用品，因此，做一个精美的套保护是很有必要的，可作内廷后妃的掌中把玩之物（图49～图51）。

斋戒牌有玉雕、金累丝、木雕等多种，织绣斋戒牌是在长方形小牌间绣上“斋戒”的字样（图52），并装饰吉祥纹样，在皇帝行祭祀礼前几天斋戒时佩戴。因为用途相对不多，因此一般成套活计中并不配斋戒牌。

清宫成套活计，每套主题相同，所用的面料、款式、图案、设色、饰珠、穗艺、织绣工艺等都是相同的。男用活计的尺寸相对稍大，花纹造

图52 红色缎钉绫灵仙福寿斋戒牌

型端庄大方，配色相对沉稳，如石青色、明黄色、蓝色、大红色等，而且用金线较多。女用活计则造型玲珑，工艺精致，设色相对鲜丽明快，色彩丰富饱满。清宫衣库、针线房所做的成套活计，用精致的玻璃盖锦盒盛装（图53-1、图53-2），或制作专用托盘盛装，清内务府档案中有记载："郎中海望员外郎沈嵛传做盛活计用杉木糊黄纸盘十个……五月初三日盛

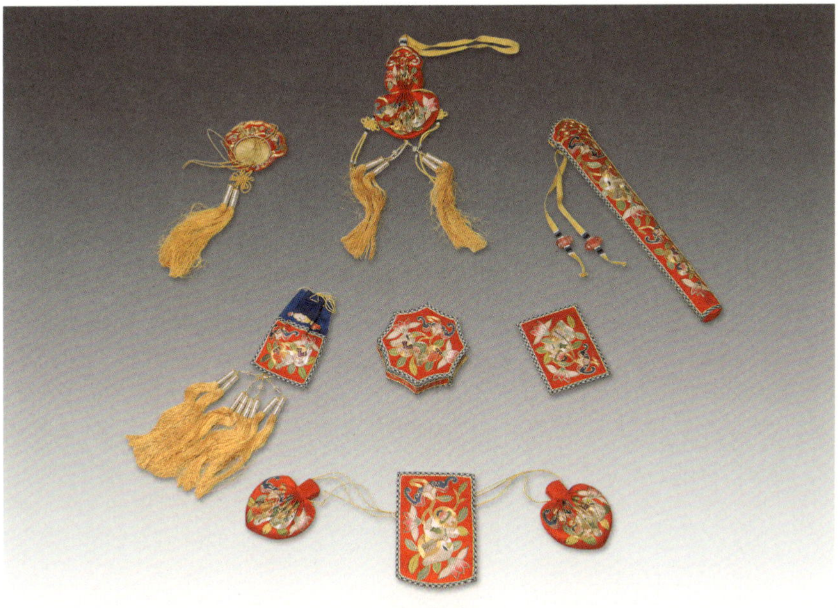

图53-1 红色缎钉绫福寿活计（原状）

图53-2 红色缎钉绫福寿活计（展开）

端阳节活计，郎中海望呈。”这类活计装潢华美精致，是大婚、万寿节等重大礼仪或节令中不可或缺的礼品，而用于赏赐给皇室和宠臣的活计，往往大批量使用同一种面料、款式、尺寸、工艺、色彩、图案。清内务府档案曾记载：“郎中海望员外郎满毗仝传做年例端阳节川椒香袋二十个，绕绒符香袋四十个，赏用黄圆香袋二百五十个，红圆香袋二百五十个，白圆香袋二百五十个……”通常，这类“赏用”的批量活计用色庄重，款式大方，多见石青色素缎面料，图案以福字、寿字等蕴含如意吉祥的寓意为主，工艺以刺绣为主，特点是大量用金，采用平金绣技法，以体现皇家用品的奢华尊贵。故宫院藏这类用于赏赐的活计，动辄数以百计、千计，均为历年按年例制作后留用的或没用完的。

二、织绣活计功能的转变

中国古代服装上一般都没有盛放细物的口袋，民间常在腰间佩带盛放细小物品的口袋，多以织绣品为之，文献记载，这种习俗可上溯到商周时期。这种口袋称为佩囊或荷囊，《诗·大雅·公刘》中说：“乃裹糇粮，于橐于囊。”这里所说的“橐”是较小的口袋，“囊”是较大的口袋。《礼记·内则》中说：“男盘革，女盘丝。”这里的“盘”就是小的囊袋，而这种囊袋的质地是男女不同的。考古所见，最早的皮囊袋可见于新疆苏巴什古墓出土的战国时期的实物，而新疆民丰尼雅、罗布淖尔，湖南长沙马王堆一号汉墓，甘肃敦煌马圈湾汉烽燧遗址都出土过便携的刺绣囊袋，是后来荷包的前身。西安南王村韦洞墓唐代石刻画上的侍女腰间悬佩的腰圆形囊袋，与清代宫廷的荷包形状几乎无异，在唐代称之为“承露囊”。福州南宋黄升墓也出土有绣花囊袋，造型为银锭形。佩囊被称为荷包是在元代以后，其盛物功用逐渐有所区分并专一化，形状、名称逐渐随其功能有所变化，出现了荷包、香囊等名称。为了征战和跋涉中果腹之需，早期的满族人常随身携带装有肉干等食品或火镰、扳指的口袋形皮囊，将其当作生活中不可或缺的必需品。

据清吴振棫《养吉斋丛录》所记，清入关之初，满洲贵族因为有“我朝服饰，列祖所定，太宗尝诫后世衣冠仪制，永遵勿替”的训诫，服装佩饰尚能沿袭旧制，继承传统，具有实用性。入关后，随着野外征战生活转变为安定的都市生活，织绣活计成为纯装饰性的佩饰或掌中把玩之物，在一些重要礼仪场合还成为皇帝主观意志的载体。比如，按清代宫廷的风俗，在皇帝选后妃“放小定”的时候，秀女们站为一排，由皇帝挑选，并将一个荷包系在被相中者的衣扣上，取其“荷”之谐音，表示合皇帝之意。这时的荷包就完全失去了它的原有功能，而成为皇帝的主观意志的载体，承载着见证宫廷政治联姻和历史变迁的使命。“放小定”以后能接到皇帝递来的如意，那这位秀女就是使皇帝“如意”的皇后人选了，而接到荷包的其他秀女将是皇帝后宫的嫔妃。

另外，活计作为最经济实惠又方便的赏赐

图54 红青缎口鹿皮椭圆荷包

品，每逢元旦、万寿庆典、冬至三大节日，或者端阳、中秋等节日，皇太后、皇帝、皇后还用来赐予宗室、近臣和身边的宫女、太监，以联络君臣感情。因此，宗室、贵族对荷包有着特殊的青睐。徐珂在《清稗类钞》中记载："岁暮，诸王公大臣皆有赐予，御前王大臣所赐为岁岁平安荷包一……外廷大臣亦间有赐荷包一者，皆佩于貂裘衿领间，泥首宫门，以谢宠眷。"可见，近臣们视得到赏赐的荷包为一种恩遇，非常重视。再如：晚清，光绪皇帝还曾令人用小鹿羔皮做成荷包（图54）赏赐臣属，以警示满族宗室、贵族不忘渔猎游牧的草原山林生活、戎马倥偬的征战历史和立国之根本，并笼络君臣之间的感情。有时外国使节来朝，荷包作为国礼也承载着历史使命，如《清仁宗睿皇帝实录》记载，嘉庆二十一年（1816年），英吉利使臣来朝，嘉庆皇帝谕旨："赐尔国王白玉如意一柄，翡翠玉朝珠一盘，大荷包二对，小荷包八个，以示怀柔。"在皇帝驾崩时，参加丧事的官员、护送梓宫去圆明园正大光明殿奉安的近臣，也要赐予遗念衫以及荷包，作为念想。《大清见闻录》记载："嘉庆庚辰重九日辰刻，朝奠后，颁赏诸王大臣遗念……每人袍一褂一，荷包三，靴一双……”这时的活计失去了原有的生活实用品功能，变成了礼品或纪念品。

随着晚清朝廷政治的腐败，宫廷生活追求安逸、舒适、华丽，在服饰上表现得尤为突出。徐珂《清稗类钞》记载：“光绪中叶以后，京朝官相尚奢侈，衣服丽都。”这种风尚，日趋背离了清初统治者把服饰制度作为政治制度的重要部分，甚至作为维护政权稳固的措施之一的初衷。服装尚且如此，作为佩饰的活计也就成为纯粹的装饰和炫耀身份的招牌。徐珂又记述：“某尚书丰仪绝美，妆饰亦趋时。每出，一腰带必缀以槟榔荷包、镜、扇、四喜平金诸袋……统计一身所佩，不下二十余种之多。”试想，全身如此佩饰，怎能继承满族曾经的戎马倥偬的征战传统？此说虽是个案，但随着满汉文化、生活方式等方面的融合，这种风气的影响已然愈来愈大。“法都”失去了原有的意义，佩带和使用者也不再是山林中、草原上飞身驰骋、骁勇善战的枭雄，而是政治和生活都逐渐背离传统的统治者。

三、宫廷针黹活计的制作及其工艺

清代宫廷每年活计荷包制作是有定制的，清内务府规定：“衣库每年成造荷包二百对，交四执事太监处收储，预备赏用。”又记：“乾隆三十年十一月总管太监王成传旨，年例交衣库绣作花大荷包五十对……此项花大荷包于每年底做成交进。”清中期，随着国库的富足，制作活计也不再是用匹料零头随心所欲的缝制，而是要先制出图样再行制作，以期符合典制和节令等要求。如，清内务府档案曾记载：“柏唐阿老持来福寿香袋画样一张，喜相逢香袋画样一张，双圆香袋画样一张，双凤双圆香袋画样一张，玉玦式香袋画样一张。说郎中海望传着照样每样做香袋十个。”这些活计的纹样设计应该出自如意馆或嫔妃、宫女（图55-1～图55-3），故宫藏有大量这类图样剪纸，制作时只需贴在面料上即可绣制。

事实上，清宫活计有一部分是嫔妃和宫女们利用闲暇时间绣制的（图56-1、图56-2、图57），《大清见闻录》曾记载：“先朝妃嫔贫者多以断绫碎锦刺宫绣以谋生活……”所说“宫绣”就是针黹活计一类的佩饰。故宫院藏部分晚清成套活计中有保存完好的包装纸及黄签残片，记录了这些制作活计的等级较低的嫔妃。这些活计虽然数量较少，但从用色来看，是皇帝专用的明黄色，款式是男用活计，因为件数少于九件，又没有华丽的装潢，所以并不是大典礼品，而是日常佩带之用。作为进贡之物，绣工精美，做工尤其讲究。这类作品除满足自己或本宫主位日常所需外，也用来换取生活所需物品。徐珂在《清稗类钞》记载：“先

图55-1 活计纸样
图55-2 活计纸样
图55-3 活计纸样

朝嫔御退居别宫者，每月份例银至薄，不足自给，往往做针黹，令内监鬻于市肆。”这里说的“先朝嫔御退居别宫者”，是指皇帝去世后其嫔妃移居相对冷僻的慈宁宫，那里的生活自然不及先帝在世时丰润，所以需要针黹活计补贴日常所需。

从另一个角度看，清宫生活的稳定使得宫眷和贵族们不断追求服饰及配饰的舒适、华美，也导致了织绣佩饰做工日益追求精致、华美，从用匹料零头随意缝制的“法都”，到集各种名贵织绣面料、材料、工艺于寸缣之间的精美活计，反映了宫廷生活逐渐背离清初的立国之本，也反映了织绣工艺的进步和发展。

清中期后，织造面料的活计以缂丝面料的居多，织锦面料的较少。与同时代的服饰面料工艺相比，活计面料因其图案面积小且内容丰富，

图56-1 黄色缎钉绫菊花活计
图56-2 黄色缎钉绫菊花活计原包装
图57 黄色缎钉绫桃花活计及包装纸残片

56-1 | 56-2
57

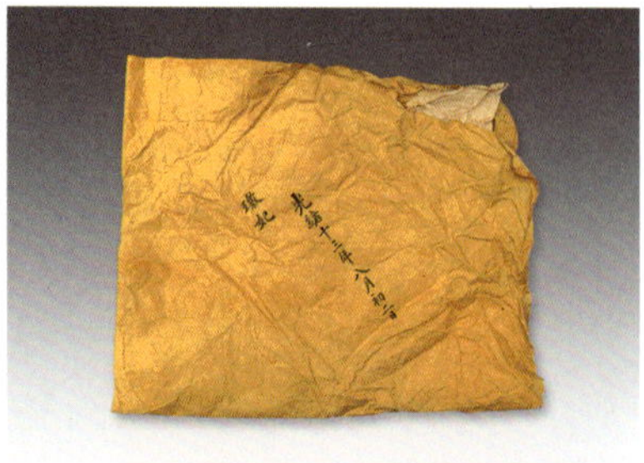

织造更为细密精致，工艺之繁复可谓至极，活计的缂丝面料，织造时用丝、用金、用梭要比服装面料的织造要求更精致，作品才能图案清晰，色彩丰富，面料挺括，工艺要求非常高。清宫内务府所做活计不再用图案无规则的锦缎匹料零头，而事先由如意馆设计好活计的造型及图案，再行织造、缝制。锦缎面料零头所做的活计作品仅见于蒙古等地部落首领的贡品（图58-1、图58-2、图59-1、图59-2）。

刺绣面料的活计囊括了诸多绣种，尤以京绣的工艺精致、图案丰富，苏绣的擘丝纤细、绣工细腻，广绣的色彩鲜艳、图案生动，最具特色。从刺绣技法上分有丝绒绣、帘绣、满绣、拉锁绣、打籽绣、缉线绣、平金绣、戳纱绣、网绣、长串、堆绫绣、缉珠绣等。绣线有五彩擘绒、衣

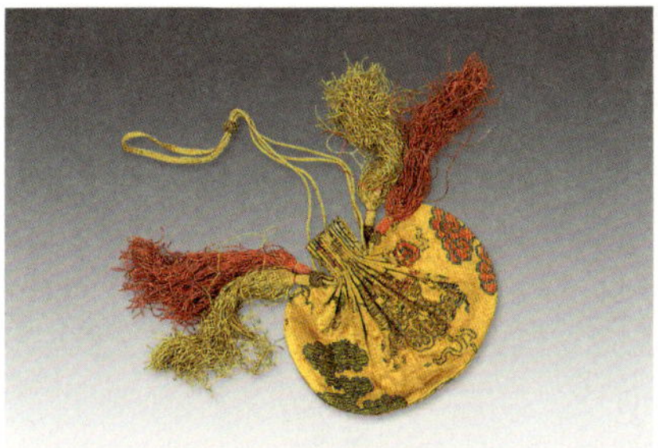

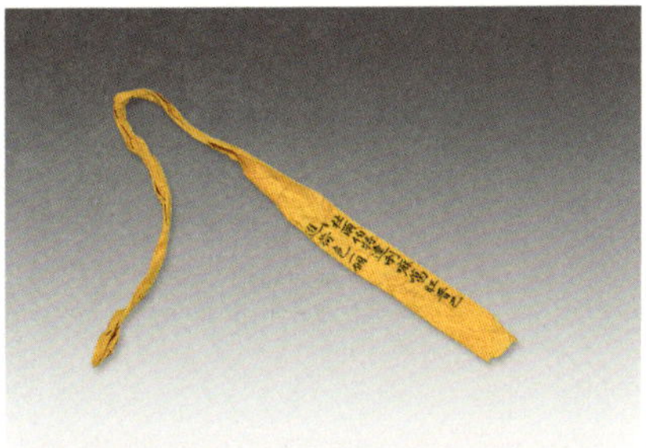

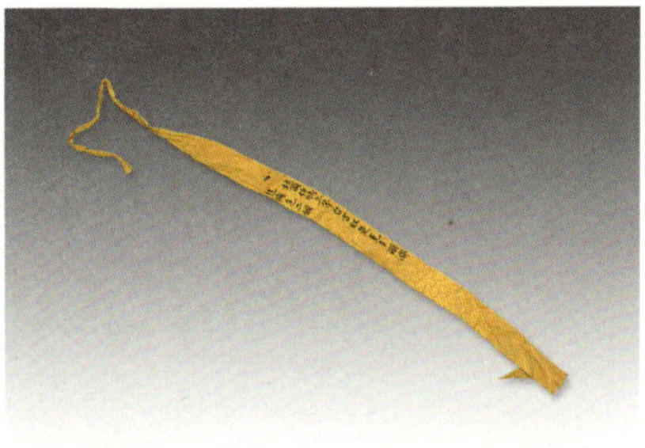

图58-1 黄色缎织金云龙纹腰圆荷包

图58-2 黄色缎织金云龙纹腰圆荷包（黄条）

图59-1 红色缎织金天花锦荷包

图59-2 红色缎织金天花锦荷包（黄条）

58-1	58-2
59-1	59-2

线、龙抱柱线、铁梗线、捻金银线。其他材质有各色料石、米珠等。绣地包括缎、绸、纱等，用量最大的当数各色缎料。

从工艺角度上看，活计虽小，却包括了累丝工艺、刺绣工艺、穿珠工艺、穗饰工艺甚至草编工艺等多种手工艺品种，在当时的生产力水平下要将金线捻得细如毫发，将直径不足一毫米的米珠穿绣成图案并非易事，又因为是常在掌上把玩之物，做工尤为考究、细致，工艺的丰富多彩说明清代宫廷活计已完全失去了游牧民族生活实用品的功能，演变成精工细绣的工艺装饰品。

四、宫廷针黹活计的吉祥图案及色彩

吉祥图案作为中国独特的传统艺术形式，在历代的建筑、雕塑、器物、织物等许多遗存中都有所表现，但不同的艺术形式所传达出的内容基本是一样的，就是巧妙利用汉语文字的谐音，以民间喜闻乐见的动物、植物、器物，或是传说中的寓言典故，寓意美好的吉祥祝福，表现出中华民族文化的博大精深和表达感情的深沉委婉。

清代宫廷织绣活计与服装一样，纹饰丰富多彩，尤以其吉祥图案的丰富内容和精巧独到的设计，为历代翘楚。清昭梿《啸亭续录》中记载：“……花样，康熙朝有‘富贵不断’、‘江山万代’、‘历元五福’诸名目。”乾隆朝以后，织绣活计的吉祥图案几乎囊括了所有的传统吉祥图案及其寓意，巧妙地利用这些吉祥寓意、传说典故，以及汉语文字的谐音，体现满汉民族传统文化相融合的内涵。而且织绣活计的造型和图案较服装纹饰更加精细秀美、小巧多变，随着四季时令节气的变化，活计图案、造型有所不同，应时应景，意趣无穷。织绣活计图案大多以福、禄、寿、喜为主题，除部分直接绣做满汉文字外，多以蝙蝠、牡丹、葫芦喻“福”，鹿、葫芦喻“禄”，桃实、桃花、绶带鸟、松、鹤、菊、蝴蝶等喻“寿”，蝴蝶、喜鹊等喻“喜”。其图案寓意变化完全按作者或使用者的审美取向随意搭配，辅以四季花卉、山石祥云、海水江崖，可谓变化多端。按照四时节气备用的织绣活计，其寓意多为祝福、辟邪，内容丰富，图案设计饱满，造型变化随所欲（表1）。

表1　节日用织绣活计寓意及图案表

场合	寓意	图案
元旦	吉庆有余	戟、磬、鱼
元宵	五谷丰登	灯笼、五谷、地景
清明	千秋万代	秋千、仕女、飘带
端午	五毒	蝎子、蜈蚣、壁虎、蟾蜍、蛇虺（图60）
	艾虎	艾叶枝、老虎
乞巧	喜鹊登枝	喜鹊、折枝花卉
中秋	月兔东升	玉兔、月亮
	兰桂齐芳	兰花、桂花
	蟾宫折桂	宝蟾、宫殿、桂花树（图61）
重阳	五福捧寿	五只蝙蝠围绕团寿字（寿、福、康宁、修好德、考终命，谓为五福）
	福寿万代	桃实（或菊花）、蝙蝠、万字曲水、飘带
冬至	三阳开泰	太阳（或童子）、三只羊
	岁寒三友	松、竹、梅
	丹凤朝阳	凤（或丹顶鹤）、太阳

图60 黄色缎平金五毒葫芦活计一套

图61 红色缎辫绣蟾宫折桂活计一套

婚庆、寿诞用的作为礼品的织绣活计一般成套，多为九件具备，用囊匣或楠木镶玻璃盒装饰，纹饰丰富，以祝寿、祝福为主题，各种地景、树木、花卉、果实、人物、动物、草虫、器物和谐组合，巧妙搭配，烘托出喜庆吉祥的气氛（表2）。

表2　寿诞、婚庆织绣活计的寓意及图案表

场合	寓意	图案
万寿节	江山万代	海水江崖、万字、寿字、飘带（图62）
	洪福齐天	红色蝙蝠、云彩
	耄耋富贵	猫、蝴蝶、牡丹
大婚	龙凤呈祥	龙、凤、金双喜（图63）
	玉堂富贵	玉兰、牡丹（图64）
	三多	石榴、佛手、牡丹
	百子	石榴、童子
	八吉祥	轮、螺、伞、盖、花、罐、鱼、肠，谓为佛教八宝
	杂宝	珠、磬、方胜、犀角、书画、金银锭、万字、艾叶，谓为儒教八宝
	八仙	扇、花篮、鱼鼓、箫、剑、竹板、葫芦、莲，谓道教八宝
	天祝富贵	天竹、牡丹
	福禄如意	葫芦、如意
	福禄万代	葫芦、万字、飘带
	灵仙祝寿	灵芝、水仙、竹子、桃实
	福禄寿禧	蝙蝠、葫芦、桃实、喜字
	博古	香炉、古瓶、鼎、犀角、鉴、尊、圭、古书画
	宜男多子	萱草、石榴（或葡萄）

由于织绣活计功能的转变，其装饰的吉祥图案内容也就日趋丰富，以至于有“寸缣之幅，意扬千里”之说，在方寸之间将花鸟鱼虫、飞禽走兽、江山树木织绣得层次分明、自然和谐、栩栩如生且寓意深刻，表现出作者丰富的想象力和巧夺天工的技艺。

在色彩上，清中期以前，活计的用色比较柔和，不同颜色之间的变化通过三晕色过渡，比如三蓝、三红等，且色彩不甚饱满，有些则用金线勾边，雅致脱俗，不失皇家豪华尊贵的气派。到清晚期，颜色逐渐趋于鲜艳、饱满，少了过渡的晕色，给人以艳丽夺目的感觉。其中钉绫绣作品尤为突出，在绫片上虽有些着笔点染晕色，但与地子的对比反差强烈，如图57清光绪黄色缎钉绫桃花活计，就有些市井痕迹。另外，除小巧玲珑的女

图62 黄色缎拉锁绣灵仙祝寿纹活计一套

图63 红色缎平金绣龙凤呈祥纹活计一套

62

63

图64 雪灰色缎平金钉线玉堂富贵活计一套

用活计外，晚清男用活计也有造型别致、工艺精湛、色彩丰富饱满的，这与宫廷生活追求奢华的风尚有关（图65、图66）。

织绣活计在清宫内廷不可胜数的生活用品中，仅仅是服装的佩饰和日常生活用品，但起着其他用品起不到的作用，它不仅从一个角度勾勒出满族从山林游牧走向都市宫廷生活，逐渐背离清朝以戎马倥偬为立国根本的轨迹，也反映了游牧文化与农耕文化的相互融合、相互影响。

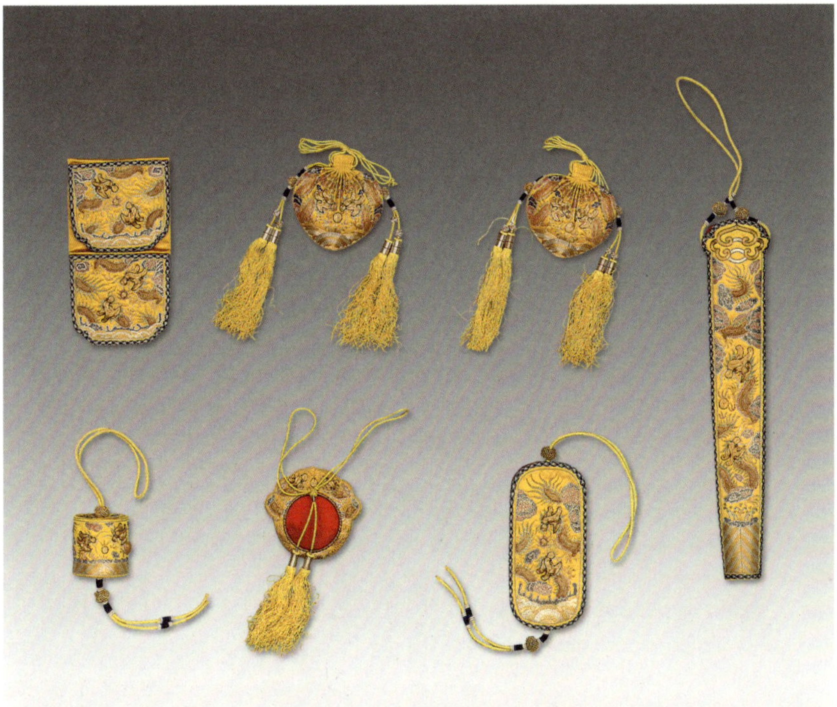

图65 黄色缎平金海水金龙活计一套

图66 蓝色缎穿珠云龙活计一套

65

66

喜棚
外臺
入宴大臣
后父
司酒官
司酒官
入宴大臣
入宴大臣
内務府官員
内務府官員

奢华颂祝福　锦绣饰筵宴

——清宫怀挡

怀挡，并不是满族传统生活中的必需品。随着入关以后生活的逐渐稳定，贵族追求奢华生活，宫廷筵宴日渐讲究排场，怀挡成为帝后生活中不可或缺之物。宫中旧藏怀挡数量不菲，从中可以管窥清代织绣小品的精致，推知宫廷筵宴礼仪和习俗的变迁。

怀挡，是清宫日常生活实用品，皇帝用膳时系于胸前，可防止用膳时食物汁水污染衣服。清初，怀挡并不是满族传统生活必需品，入关以前的游牧生活以及戎马倥偬的征战中，满族并无怀挡之需。随着入关以后生活的逐渐稳定，贵族生活追求奢侈豪华，宫廷筵宴日渐讲究排场，怀挡成为帝后生活中不可或缺之物，既可以装点筵宴，又有实用价值，彰显了皇家生活的奢华与尊贵。

怀挡的形制有正方形、长形等不同款式。正方形怀裆的一角有一环形扣别，使用时将它扣在衣服领子下第一个扣上，使怀裆自然垂下、展开。长形怀挡上方为圆领口形，两端围在脖子后面，下幅自然垂下、展开。

御用怀挡都是丝质品，有织造图案和刺绣图案两种。怀挡一般为双层，里子为薄质素纺丝绸、素绫等，面料的材质、图案则根据不同场合、不同节令、不同使用者而定。在皇帝大婚，祝寿筵宴及元旦、冬至、万寿节三大节日所用的怀挡，一般是根据主题设计图案，然后交由江南三织造定织。而日常御用怀挡则相对简单，多以匹料裁制，纹饰相对随意。怀挡的用色亦须遵《大清会典》规定，按等级用色，明黄色为皇太后、皇帝、皇后的御用颜色，不可僭越。

一、织造面料的怀挡

（一）二色缎面料

粉色暗八仙团寿纹二色缎夹怀挡（图1）为正方形夹怀挡，用于庆寿筵宴。怀挡图案纹饰由如意馆专为万寿节设计，发到江南织造局按图织造。中间是团寿字，这种把吉字、万字镶嵌在变形寿字中的织绣装饰纹样，是清同治朝到光绪朝才有的，在清晚期宫中各类装饰上广

图1 粉色暗八仙团寿纹二色缎夹怀挡

泛使用，并一直流传到20世纪初。怀挡上角饰一蝙蝠与寿字呼应，寓意福寿，团寿字边上饰有传统纹饰暗八仙，是以中国民间传说中的八仙各自手中所执的物品暗喻其人，同时寓意八仙祝寿。怀挡的边饰是排列成行的如意头和四合如意朵花，与寿字笔端的如意头呼应，相映成趣。怀挡用色鲜丽华美，装饰性强，是清晚期宫廷织绣独有的特色，迎合了晚清宫廷的审美取向。

图2 雪灰色暗八仙团寿纹二色缎夹怀挡

这件怀挡面料的质地是二色缎，又称为“花缎”。织物组织结构是纬线二重提花，织地子的纬丝与经丝同色，用来织地的缎纹。织纹饰的纬丝用另外的颜色，粗于地纬，起花时与经丝交织成缎纹或平纹的纬花，不起花时，纹纬则沉在织物背面成为浮线。二色缎面料致密耐磨，缎地光泽滋润，纹饰清晰，立体感强，多用作便服、铺垫、桌围、怀挡一类实用材料。怀挡材料有些是按所需设计花纹织造的，也有织造的匹料，做日常使用，如雪灰色暗八仙团寿纹二色缎夹怀挡（图2）与上文所述怀挡除颜色有所不同，纹饰和工艺都是相同的。但怀挡并不方正，略长些，是因织造

图3 品月色地粉灵竹梅纹二色缎夹怀挡

工匠织造时手法不同，织纬略粗些，使图案略长出一些，也反映出晚清织造局对织物质量的整肃已远不及乾隆盛世。

品月色地粉灵竹梅纹二色缎夹怀挡（图3）的面料虽也是二色缎，但不是设计好的怀挡面料，而是使用匹料裁制而成。纹饰梅花、竹子、灵芝、兰草是传统吉祥图案，梅花和竹子寓意春报平安，灵芝和兰草寓意灵仙祝寿。这是一款日常用的怀挡，不用于喜庆筵宴。

（二）回回锦面料

明黄色团花纹回回锦夹怀挡（图4）是长形怀挡，上方为圆领式，两

图4 明黄色团花纹回回锦夹怀挡

端系于领后，下方垂下展开。明黄色拜丹姆纹回回锦缎夹怀挡（图5）为传统的正方形怀挡，上端的扣别系于领口的口子上，下方自然展开。两件怀挡都是日常御用物品。

回回锦是西域少数民族的传统织物，由纬线显花，纬线无捻，使织物起花部分丝光熠熠，颇与织金锦相似。回回锦图案多为纹饰横排交错式排列，花纹有朵花、拜丹姆纹等，具有明显的穆斯林风格。这两件怀挡的面料是用清代入贡宫廷的匹料裁剪制作而成，提花规矩清晰，装饰性好，质地适手柔软，有很好的实用性。值得一提的是，这两件怀挡虽然是日常用品，但面料所用的明黄色是皇太后、皇帝、皇后御用的颜色，其他后妃

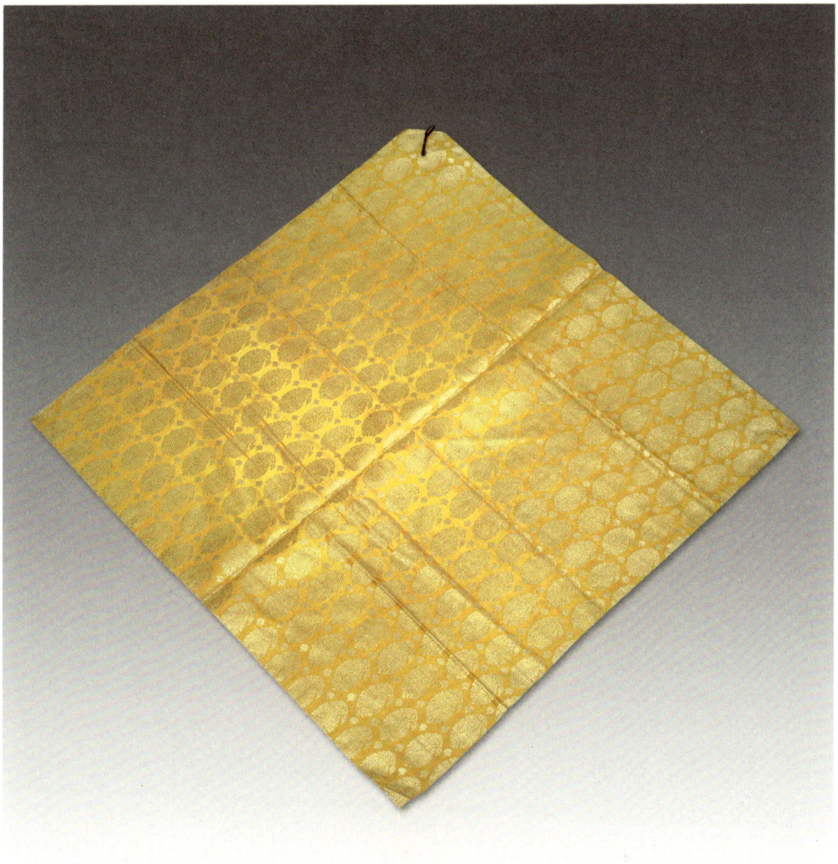

图5 明黄色拜丹姆纹回回锦缎夹怀挡

不得使用。

（三）缂丝面料

缂丝，自古就是高档丝织品，有“一寸缂丝一寸金”的说法。缂丝作为生活实用品，除皇帝、皇后的御用服饰外，亦见于宫廷室内铺垫等，作为怀挡，尤显奢华尊贵。

缂丝群仙祝寿图夹怀挡（图6），旧藏于紫禁城内宁寿宫北侧的景福宫，是清宫祝寿筵宴所用怀挡精品，怀挡用五彩丝线缂织群仙祝寿图，构图饱满繁华，以仙山楼阁、玉树琼花、海水江崖为背景，祝寿的群仙或美髯飘逸，或举止诙谐，姿态各异，表情生动。海水、祥云、山石，线条流

图6 缂丝群仙祝寿图夹怀挡

畅自然。怀挡的四角各饰四个如意云头，寓意四合如意。边饰为万字曲水地上饰五蝠捧寿纹，红色的蝙蝠寓意洪福齐天，团寿字象征着福寿圆满。全幅怀挡一派喜气洋洋的祝寿场面。

缂丝织物的尊贵在于繁复的“通经断纬”织物组织结构，即以本色丝为经线，彩色丝为纬线，以小梭装纬，依图稿用拨子等工具与经线交织，其小梭的纬线并不贯穿全幅，只织所需色块，图案变化及晕色均须换梭，因此会呈现小空隙或断痕，即所谓“承空视之，如雕镂之象”。缂丝技法有平缂、戗缂、环缂、长短戗、木梳戗、凤尾戗、搭梭等，工艺十分繁复，如此件用色多达数十种，织造时须频繁换梭，每梭或平缂或搭梭，

图7 明黄色缂丝暗八仙祝寿纹夹怀挡

均须巧施缂技，灵活运梭，方可达到抚之平滑、视之立体，工艺精致细腻的境界。

明黄色缂丝暗八仙祝寿纹夹怀挡（图7）与前一件有异曲同工之妙，怀挡图案正中为双龙捧团寿字，上方是仙山楼阁，意喻海屋添筹；下方是海水江崖，意喻福山寿海；四角饰双红蝠如意头，意喻洪福如意；左右饰梅花鹿、仙鹤，意喻鹤鹿同春；上下饰梅兰竹菊纹，即“四君子”；周围饰八仙手执物品，通常称为“暗八仙”，意喻八仙献寿。其他纹饰有意喻灵仙祝寿的水仙、灵芝，意喻富贵吉祥的牡丹、祥云，意喻福在眼前的红蝠衔钱，意喻和和美美的荷花、荷叶，边饰的万字曲水地上红蝠捧寿，等等，真可谓收尽传统吉祥图案，言尽美好祝福寓意。

这件怀挡的纹饰是清晚期宫廷缂、绣、绘结合的作品，松树的树干是着笔渲染，龙睛是刺绣工艺，尤显精神。其他纹饰缂织精致细密，织造时换梭频率高，难度大，图案极易变形，因此要求缂织者具有高超的套缂、构缂、掼缂、搭梭、缂金、缂鳞、三蓝缂以及长短戗技艺，熟稔的运梭技巧，足以体现设计者追求精致细腻的理念。怀挡所用明黄色说明此件是万寿筵宴上的御用品，因此，对怀挡品质的要求也非常高。

二、刺绣面料的怀挡

蓝色缎平金绣蝙蝠纹夹怀挡（图8）的面料是蓝色素缎，怀挡形式是长形，上方留出半月形领口，将扣系于颈后，带子系于身后，怀挡下幅为镂雕双层如意头式，镶饰织金缎边，样式新颖别裁，在清宫旧藏怀挡中并不多见。因旧藏于慈禧太后居住的西六宫太极殿，因此不排除是慈禧御用之物。

这件怀挡的面料是素缎地，纹饰为平金绣蝙蝠纹，与怀挡的如意头形式结合，寓意“福寿如意”。蝙蝠图案姿态各异，左右对称，疏朗有致。捻金匀细，平金工艺细密，使金色蝙蝠显得流光溢彩，熠熠生辉，彰显了皇家用品的奢华。

明黄色绸绣龙凤双喜纹夹怀挡（图9）是皇帝大婚喜宴的御用品。以明黄色素绸为底料，五彩丝线绣龙凤、团寿字、双喜字、红色蝙蝠、祥云、仙鹤、梅花鹿、佛教八宝等，边饰万字曲水、缠枝葫芦等纹饰，意喻龙凤同和、喜庆大吉、鹤鹿同春、洪福万寿、福禄万代等，是皇帝大婚时喜庆筵宴的御用怀挡。

怀挡明黄色的底料是皇帝、皇后御用品的标识，精致的绣工也说明皇帝大婚所用的物品是备受重视的。虽然图案纹饰已不如乾隆朝的飘逸、华丽，但也是光绪朝精品刺绣之一，代表着这一时期刺绣艺术的最高水平。

图8 蓝色缎平金绣蝙蝠纹夹怀挡

图9 明黄色绸绣龙凤双喜纹夹怀挡

黄色绸绣暗八仙祝寿纹怀挡（图10）的设计稿本与明黄色缂丝暗八仙祝寿纹夹怀挡是一样的，同出自清宫如意馆。但用色和工艺是不一样的，此件是以黄色素绸为地，刺绣纹饰而成。清宫的许多织绣品稿本是一样的，之所以采用刺绣工艺，是因为刺绣工艺在色彩变换上更为随意，能体现使用者主观审美取向，刺绣的成本相对俭省，而且更能表现绣品的丝光，使之彰显皇家用品的华美尊贵。

这件怀挡也是万寿庆典上的用品，但不是明黄色，使用者应是等级

图10 黄色绸绣暗八仙祝寿纹怀挡

稍低的嫔妃或皇室成员。

怀挡是实用品，同时也是消耗品，用过后污渍难于清洗，宫中旧藏虽然数量不菲，但有特殊用途、色彩华美、干净完整的并不多。本文所述的怀挡都是故宫旧藏中的精品，权且不看宫廷筵宴食品的丰富、食具的奢华，仅此怀挡，就可管窥宫廷筵宴的排场以及宫廷筵宴礼仪和习俗的变迁。同时，从此类织绣小物件品种的丰富中，我们也可以看到清代织绣业发展的高超水平。

绫罗绸缎纱　装帧撷英华

——清宫织绣类书籍经卷装裱材料

清宫用以保护经书、古籍、书画、册页等最美观、耐磨、实用的材料，正是各种织绣材料。这些精美的织绣品被用作装裱材料，说明当时宫廷对佛教和文化的重视。如今，虽然有些织绣书衣已成残片，但作为实物资料，无论是其成品的历史年代，还是精致的刺绣、精湛的织造工艺，都弥足珍贵。

清宫用织绣类书籍装裱材料品种繁多，以丝织品、棉织品为主，是传统保护经卷、古籍、书画等最美观、耐磨、实用的好材料。现除大量未使用的成匹材料由故宫博物院庋藏外，装裱用材料主要由北京故宫、台北故宫、沈阳故宫以及北京艺术博物馆等处庋藏。

故宫博物院的藏品，除清宫旧藏装帧完好的书籍、册页的装裱面料外，还有相当一部分来自京郊房山区尚方山等处佛教寺院。这些寺院在明清时期接受宫廷赏赐，大量使用皇室专用丝织物装裱经书，使得明清以来大量珍贵丝织品以装裱材料这种独特的方式得以保存。由于历史的原因，故宫后来收藏这些来自寺院的装裱材料时，并未将经书一同入藏，文物账记载名称为“经面”、“经面”。这些经面，包括部分贴在上面的纸质、绫质手写经书名签，经保管人员精心展平、除尘，登记造册，作为资料完好地保留下来。在故宫文物清理工作中，研究人员重新研究了这批珍贵的资料，认为把这些精美的织绣品赏赐给庙宇作为经书的装裱材料，说明当时宫廷对佛教的重视，这批织绣资料无论是成品的历史年代，还是精致的刺绣、精湛的织造工艺，都弥足珍贵，代表着那个历史时期高超的织绣工艺水平，其独特、规矩、端庄、华丽的图案纹饰，是故宫院藏其他品种的织绣文物不可比拟的，有着重要的文物价值。经过重新整理后，报经文物主管部门批准，这批经面文物等级提升，作为等级文物收藏。

清宫织绣类书籍装裱材料分为刺绣和织造两大类。刺绣类装裱材料大多以绸、缎、方孔纱等为面料，用各种针法刺绣图案，一般须按所装帧的经卷、书籍大小设计好图案，再行刺绣，因此图案规矩完整，与内容相呼应，封面与封底相呼

应（图1−1、图1−2）。织造类装裱材料工艺品种丰富，以锦（图2）、妆花、缂丝、双层织物为主，另外还有暗花绫、绸、缎，夹缬印花布等。虽然这些织造类装帧材料经过裁剪，有些已经不是完整的花纹单位，但是，我们通过分析其织物组织结构，仍可以从相对完整的经纬组织中，看到丰富多彩的丝织物品种，从而了解中国历史上丝织业繁荣发展的状况。此外，这些显然不是民间所用的高档丝织品，从宫廷赏赐到庙宇，承载着厚重的历史文化信息，不失为研究中国近千年来织绣工艺发展历史最重要的传世实物资料。笔者就所见清宫织绣类书籍装裱材料品种作以下举要简述。

图1−1 刺绣《御制盛京赋》册（封面）

图1−2 刺绣《御制盛京赋》册（封底）

图2 蓝色宝相花纹大天华锦书套

1−1 | 1−2 | 2

一、刺绣类材料

刺绣类装裱材料，多以素缎、素绸、方孔纱、实地纱等为底料，根据设计图案刺绣纹饰。由于多数刺绣纹饰都要凸浮于底料面上，而作为经常阅读的书籍的装裱，图案绣线较易磨损，因此，这类材料虽纹饰美观，图案单元完整，但应用相对较少，仅可见于清代宫廷内保存完好的珍贵经卷、书籍等，后来入藏的经面中数量较少。

（一）平绣

刺绣经面中以平绣最为精致，一般以素缎、素绸为底料，刺绣纹饰按照经书封面尺寸设计好的龙纹、祥云、红蝠、花卉、八宝等，并把经书名同时设计在书面纹饰上，以便同步绣制，使整幅图案成为和谐的一体，故宫院藏刺绣《御制盛京赋》册（图1）就是这样的代表作之一。这件册页的书衣以明黄色素斜纹绸为底料，刺绣纹饰为九尊金龙，间饰五彩祥云，中间绣《御制盛京赋》题签，下幅为海水江崖纹饰。封底纹饰为吉磬纹上有九只香烛，九羽红蝠环绕，间饰五彩祥云。整幅书衣端庄典雅，体现了极具皇家特色的九五之尊。这件书衣的绣制，擘丝细过于发，绣线有红、粉红、水粉、蓝、月白、湖色、墨绿、绿、浅绿、香色、肉色、白色、黄色、油绿色等十余种颜色。使用平套针、散套针、刻鳞针、平针、滚针、斜缠针等技法，针脚细密平齐，水路清晰流畅，针法变换娴熟洗练，自然和谐，精巧细腻。其设色雅致柔和，和谐自然，绣工精湛，凸显了乾隆朝苏绣的特色。不同于其他书衣的是，此件的题签是在底料上直接绣制的，说明此件是专为装裱《御制盛京赋》设计、绣制。这类专属书衣只用于较为珍贵的或皇帝比较重视的书籍、经卷，一般都由苏州织造局绣制。这类平绣书衣尽管绣工极尽精致，擘丝细若蚊睫，图案仍凸浮于底料，由于经常翻动阅读，使之边角有所磨伤。但其设计的专属性、皇家用品的唯一性、绣工的精美典雅，都使之成为此类藏品之翘楚，是不可多得的精品。

（二）纳纱

刺绣经面中的满地纳纱绣，避免了纹饰凸浮于底料面上的弊端，作为装裱材料，其耐磨性能更佳。纳纱又称为“戳纱”，绣法属于刺绣技法中的经纬绣，民间称为“数纱孔”，其技法特征是数素纱地上经纬交织形成的纱孔，按孔起针、落针显现花纹，针法简洁，有正一丝、正二丝，或斜一丝、斜二丝串等技法。这种仅由色丝变化组成的图案，规矩但略显呆板，不如其他繁复平绣针法绣制的图案随意自然、逼真写实。满地纳纱绣可以通过规矩的针法及花纹的布局全部覆盖底料，不露纱地，使得素方孔纱地具有织锦的效果，俨然变成锦地，因此又有“纳锦”一称。满地绣的纹饰没有凸浮感，完全靠色线的变换来晕色，体现纹饰立体感，清宫旧藏的经面就有这类刺绣。最为著名的作品——故宫院藏宋天鹿纹锦就是这样一件纳锦绣的卷幅包首残片，作品在纱地上用正一丝串的针法纳绣回首卧鹿、海水江崖、如意朵云。鹿身由龟背纹组成，鹿尾、眼和鬃等主题用无捻绒线绣，针法为缠针、滚针、戗针。色用香色、黄、杏黄、深褐、土黄、白、深蓝、蓝、月白、银灰、浅绿等，采

图3-1 天鹿纹锦卷（画心）
图3-2 天鹿纹锦卷（局部）
图3-3 天鹿纹锦卷（卷首御笔）

3-1

3-2

3-3

用三晕色法配色。因其珍稀，清乾隆朝时就已装裱成片保管（图3-1～图3-3）。

（三）撒线绣

撒线绣是京绣的一种，也常见于经面刺绣，与满地绣有异曲同工之妙，但绣底、绣线、针法却有不同。撒线绣所用绣底，以方孔纱、直径纱等居多。方孔纱是平纹织物，纱面经纬略稀疏，交织后呈方孔状，唐代以前称之为“方目纱”，宋代称为“轻容”，明清两代或称为“蝉翼纱”，均取其轻薄通透若蝉翼而名。直径纱是绞经纱的一种，纱孔方正规矩、通透工整。撒线绣的绣线除绒线外，绣制地子的线是双捻衣线，针法也不是正一丝串或斜一丝串，而是数纱孔，并用正串的针法将地子绣成菱形纹饰，其绣线就不只压一根经纬丝，可能是两根、三根，甚至可多至十几根经纬丝，在菱形边缘挑起一根底纱，形成水路，纹饰规矩工整，使地子如织锦一般。

故宫院藏明香色地撒线绣龙戏珠纹经面（图4-1、图4-2），是以绛色方孔纱为底料，绣线是传统鲁绣、京绣所用的双捻衣线，衣线捻制均匀纤细，绣制纹饰后纱孔仍通透规矩。这件经面以香色加捻衣线满地绣几何纹，并绣蓝龙戏珠纹，间饰祥云火珠。从经面整体纹饰上看，经面不是一个完整的花纹单位，原件的纹饰应是二龙戏珠纹，可能当年因为装裱经面，裁去一部分，也可能此件是绣品零头所做。龙纹以蓝色为主色调，辅以绿色、红色、白色等，采用两层至四层的晕色法，使纹饰突出了立体感，彰显了龙的张扬与霸气。经面刺绣针法灵活多变，细部用的是正一丝串针法绣制，地子等面积较大的地方甚至用正十五丝串覆盖底料，用正戗、反戗、钉线、齐针等传统针法绣制龙发、龙鳍、龙爪、龙眼以及火珠等，针脚规矩匀齐，工艺精致细腻，绣线完全覆盖纱地，颇具织锦特色。正因为绣线全部覆盖纱地，纹饰没有凸浮于绣面，增加了作品的耐磨性能，作品代表着明代京绣高超精妙的技术水平，是明代刺绣经面精品。

明代撒线绣蜀葵荷花五毒纹经面（图5-1、图5-2），则是以黄色直径纱为底料绣制，同样是满地绣，这件与上述一件的不同点是：以衣线绣制地子以及蜀葵、荷花等纹饰，再用金线绣制叶子上的五毒纹饰。所谓“五毒”，是指蛇、蝎、蜈蚣、蟾蜍、壁虎，端午节时用来作装饰纹样，以祈福辟邪，祛除灾病。在叶子上用金线绣制“五毒”，使之浮在叶面上，增加了立体感和凸显“五毒”主题纹饰。这件经面的色彩丰富，有红、橘红、橘黄、黄、粉、深褐、黑、石青、蓝、月白、白、深绿、浅绿、湖绿等，历经数百年仍不变，非常难得，尤其是晕色技法自然和谐，通过同一色系二至三层的晕色，颜色由深到浅的变化，表现出明代刺绣的不凡成就。针法有齐

针、散套针、正戗、反戗、钉针、缉线等，运针娴熟，针脚平齐，捻丝匀细光亮。值得一提的是绣“五毒”的金线，捻制金线极细，用在此处则起到画龙点睛的作用，彰显出皇家用品的奢侈豪华和宫廷对佛教用品的重视。

故宫藏刺绣类经面虽少，但种类繁多，诸如蓝色绸绣寿字纹经面、红色满绣云龙纹经面、红色纱绣云龙纹经面、红色缎绣凤穿牡丹纹经面、红色缎绣凤穿牡丹纹经面等，图案题材丰富，绣地材质多样，刺绣技法繁复，堪与服饰、活计等宫廷生活用品媲美。经面刺绣的精美，不仅反映刺绣工艺发展的高超水平，还反映了朝廷对佛教的重视和倡导，每件作品都是作者在这个大背景下，将心血施于针黹、虔诚礼佛的倾心之作。

图4-1 香色地撒线绣龙戏珠纹经面（局部1）

图4-2 香色地撒线绣龙戏珠纹经面（局部2）

图5-1 撒线绣蜀葵荷花五毒纹经面（局部1）

图5-2 撒线绣蜀葵荷花五毒纹经面（局部2）

4-1	5-1
4-2	5-2

二、织造类材料

（一）缂丝

缂丝起源不晚于七世纪，流行于隋唐，繁盛于宋代。别名有“刻丝”、“刻丝作”、“克丝”、“刻色”等，是历史悠久的传统丝织品种。

关于缂丝，最明确的记载是宋代庄绰的《鸡肋篇》：“定州刻丝，不用大机，以熟丝经于木桴之上，随所欲作花草禽兽状。以小梭织纬时，先留其处，方以杂色线缀于经线之上，合以成纹。若不相连，承空视之，如雕镂之象，故名刻丝。”缂丝属于平纹挑织织物，织物表面细腻平滑，作为高档丝织品，可做衣料、书画等；作为装裱材料，缂丝的花纹平细，不凸浮于织物表面，易于装裱，常见于经面、书衣、册页封面、卷幅包首等，是清宫传统装裱材料之一。

缂丝的工艺过程一般为五步：装经（包括络经线、牵经线等11道工序）、拓样、织纬、剪毛头、着笔晕染。织造缂丝的工艺是以本色生丝作经，彩色熟丝作纬，根据稿本的轮廓或图案色彩的变化，不断更换装有色丝的舟形梭和采用局部回纬等方法织制图案，成品以纬丝色彩显示图案，而隐匿经丝，因此《玉篇》释其为“缂，紩也，织纬也”。缂丝的织物组织结构是所谓的“通经断纬”，因其以小梭装纬，用拨子等工具与经线交织，其小梭的纬线并不贯穿全幅，只织所需色块，图案变化及晕色均须换梭，因此会呈现小空隙或断痕。技法有平缂、掼缂、构缂、戗缂、环缂、长短戗、木梳戗、包心戗、凤尾戗、搭梭、结、子母经等，工艺十分繁复，因此，故自古便有“一寸缂丝一寸金”的说法。

故宫藏缂丝装裱材料分为两种。其一，是根据所要装潢的书籍定织，书名与面料图案同时织造在装裱材料上。如故宫藏《御笔题养正图诗》（图6）的装帧，是乾隆朝专为此书织造的书衣，制作时先要量好书籍尺寸，由如意馆设计构图，绘制纹样，再送江南织造局缂织，完成后送

图6 《御笔题养正图诗》书衣

京再行装裱。这类装裱材料缂织精细，设色华丽，极具宫廷装饰特点。一般来说，这类书衣专属性强，只为一部书专门织造。明代缂丝鸳鸯戏莲纹包首（图7），则与之不同，上面没有题款，说明不是定织，纹饰不是循环的花纹单位，所以也不是匹料，而是独立的缂丝作品，只是尺寸适于做包首，便物尽其用了。包首用于装帧书画、卷轴，书画卷起来后，包首裹在最外面，起到保护作用。这件包首成品于明代，据档案记载，原是《春宴图》卷的包首。缂织技法有平缂、构缂、套缂、长短戗、凤尾戗、搭梭等，运梭娴熟自如，技法精准细腻。因其工艺精致，为缂丝精品，故已作为裱片保管。

其二，是缂丝匹料经过裁剪后装裱，一般是批量装裱的。这类材料装裱的书籍的书名要另外书写在纸签上，再装裱在书衣上。清宫织造这些缂丝匹料并不作为衣料或缂丝艺术品，只作为经卷、书籍等装裱，以

图7 缂丝鸳鸯戏莲纹包首

显示皇家御用品的豪华尊贵。如故宫藏红色地三蓝蝶恋花纹缂丝装裱材料（图8），是书籍装裱材料的残片，为矩形。其缂织技法简洁，有平缂、搭梭、长短戗、构缂等。作品图案单元为四角装饰变形蝴蝶，中间为勾莲卷草纹，并饰蝙蝠、水仙花、如意头等，图案线条柔美流畅，极具清中期以后的织绣品装饰特点。此件纹饰用色为蓝色、月白色、湖色，卷草纹和蝴蝶纹略有着笔点染，是清宫典型的“三蓝”晕色装饰手法，雅致而高贵。明黄色地三蓝勾莲卷草纹缂丝书衣（图9）是在明黄色地上缂织牡丹、勾莲、卷草纹、蝙蝠等，极具清宫装饰特色。缂织技法简洁，仅有平缂、搭缂等基础技法，叶脉、花卉轮廓等均为着笔点染，这是清代中后期缂丝的突出特点。明黄色是皇家专属用品颜色，因此可断定它是专属皇家的用品。

图8 红色地三蓝蝶恋花纹缂丝装裱材料（局部）

图9 明黄色地三蓝勾莲卷草纹缂丝书衣

故宫其他藏品诸如缂丝花卉纹经面、缂丝万寿灯笼纹经面、蓝色缂丝云纹经面等，虽然远不及缂丝书画的技法繁复，晕色等处常见着笔渲染，但仍是高档丝织物，是专属皇家的御用品。

（二）妆花

妆花织物是有明以来江宁（南京）最具特色的丝织品种之一。妆花的名称最早见于明代《天水冰山录》的记载，是色彩华美绚丽、图案丰富吉祥、质地多种多样、应用广泛的织物。妆花织造技术是用长跑梭织地纬，小管梭装彩纬在不同地组织上挖织显花，根据地组织不同可称为妆花缎、妆花纱、妆花绸、妆花罗、妆花绫等，妆花配色可达20–30种之多，色彩丰富，变化自然。

明清两代，宫廷用妆花以妆花缎、妆花绸、妆花纱居多，均产自江宁（南京），是妆花织物繁荣发展的时期。故宫藏妆花织物多见于服饰、铺垫，用于装裱则多见于经面、书籍、册页、囊匣、卷幅包首等。妆花绸、妆花缎等因其质地致密，结实耐磨，常用于经面装裱。但是由于装裱

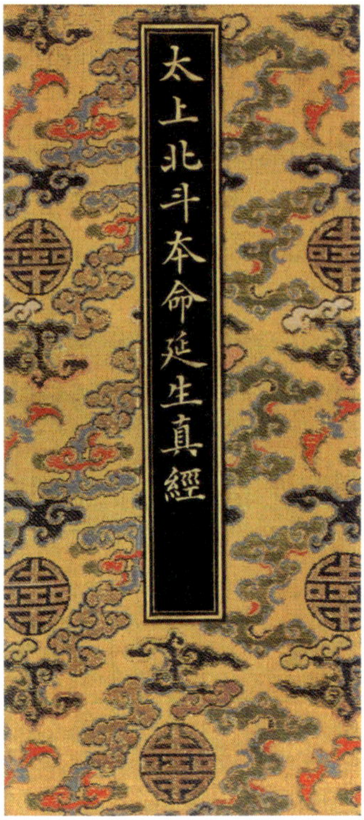

图10 黄色地凤鹤纹妆花纱经面

图11 明黄色五彩云蝠纹妆花缎书衣

图12 明黄色五彩金团寿字云纹妆花缎经面

10 | 11 | 12

用妆花不似衣料般按照人体尺寸设计图案织造成型，再行裁剪缝制成衣，而是用花纹单元较大的匹料，经裁剪后装裱于卷幅经册，因此，花纹单元多不完整，故宫院藏明代黄色地凤鹤纹妆花纱经面（图10）就是匹料裁剪成装裱材料。明代妆花纱的组织机构是以绞纱组织为地，用挖花方法以彩色绒线纹纬织花纹而成，这件经面经纬线都为黄色，交织为方孔纱地，以香色绒线为纹纬与经线通梭交织成凤凰、仙鹤纹，纱孔方正通透，提花清晰明快，妆花纱质地轻薄、柔软，能以经面的方式保存至今，实属不易。

清中期明黄色五彩云蝠纹妆花缎书衣（图11）的每一排花纹形式都是一样的，但颜色却没有循环，设蓝色、月白色、红色、粉色、米色、香色、绿色、草绿色等，虽是变化多端，丰富多彩，书衣上却也不够一个循环的单元，可见这件妆花的花纹单位是很大的。晕色和谐雅致，是清中期妆花的特点；蝙蝠和云纹图案的装饰手法，是这一时期清宫常用的样式。这类纹饰除织绣品外，也常见于其他器物装饰。此件织物的图案清晰规矩，织造工艺细密精致，地的组织是八枚缎，妆花部分的经纬交织为斜纹，使得这类织物纹饰有很好的稳定性，装裱时纹饰不易变形并且有很好的耐磨性。

明黄色五彩金团寿字云纹妆花缎经面（图12），是定织的经面，经书的名字在织造时同步织在经面上，要达到文字端正、不变形的效果，对织造工艺、丝线均匀度的要求非常高。另外，在织造团寿纹时加入了金线，使作品金光熠熠，称为“织金妆花缎”。织造这类经面，无论其面积有多小，都要单独做“挑花结本”，就是“编程”。而它的独有性使之不可能成批量生产，所以其织造成本相当高，这彰显了乾隆时期皇家用品的豪华尊贵。

故宫院藏妆花类经面的织造工艺精湛，无论纹饰题材还是质地的品种都颇为丰富，代表着那个时期纺织业最高端的技术水平。如故宫院藏红色地云龙海水灯笼纹织金妆花缎经面、蓝色地吉祥折枝梅竹茶花纹妆花缎经面、木红色四合如意云朵花纹妆花缎经面、绿色仕女海水江崖纹妆花纱经面、杏黄色寿字寿桃纹妆花纱经面等。这类妆花织物，清中期的江南织造局每年都有大量的织造，供给宫中作为装饰装潢或赏赐之用。

（三）绫

绫织物分为暗花织物与素色，暗花织物是通过不同的织物组织结构显花的单层传统织物，暗花织物做装裱材料最大的优势在于耐磨和花纹丰富，光滑的表面既不像刺绣那般易磨损，又比素色织物更华美。对于浩如烟海的古籍经卷来说，装裱造价也更经济。一方面，凸显了皇家用品或赏赐品的尊贵豪华，另一方面，也可通过面料的不同突出宫廷对重点书籍、经卷的重视。

中国丝织品中的绫起源较早，盛行于唐代。关于绫的文字记载也较早。《汉书·高祖纪》师古注："绮，文缯也，今之细绫也。"《释名》说："绫，凌也，其文望之如冰凌之理也。"又如《天工开物》说："织花绫、绸、用桄综八扇，五经曰绫。"又说："凡花分实地与绫地，绫地者光，实地者暗。"

绫织物的特点是：质地轻薄柔软，经纬细而不加捻，使得绫面具有传统丝织物中最美丽的丝质光泽，宛若冰凌般晶莹。明初以前，绫的组织结构的主要特点是二枚经斜纹地五枚纬斜纹起花。明中期以后，其特点是五枚缎地平纹织花和五枚经斜纹地二、三枚纬斜纹或平纹起花两种。

绫用于装裱的历史也较久远，故宫院藏南宋淳祐年间的皇帝制帖就是以步步高缠枝纹绫、穿枝蔓草纹绫、穿枝牡丹纹绫、穿枝大理花纹绫等五种绫装裱的。元代陶宗仪《南村辍耕录·书画褾轴》记有用于装裱的"绫引首及托里"27种：碧鸾、白鸾、皂鸾、皂大花、碧花、姜牙、云鸾、樗蒲、大花、什花、盘雕、涛头水波纹、仙纹、重莲、双鹰、方棋、龟子、方毂纹、鸂鶒、枣花、鉴花、叠胜、白毛、回文、白鹭、花等。这是关于装裱用绫品种最详尽的记载。绫用于装裱不仅因为图案花色繁多，还因为绫美丽的暗花纹不凸浮于地子，表面光滑、耐磨，因此成为历代宫廷书画、经卷装裱的上好材料。

绫织物有粗细之分，言其织造时丝之粗细以及致密程度。故宫院藏金黄色暗花绫书衣（图13、图14）是细绫，这类细绫因其织造精致细密，绫组织细密光滑，提花清晰，线条纤细流畅，构图疏朗，同时有较好的耐磨性能。除作为装裱书卷，还可做画袱里子，对所包裹的书画无刮蹭摩擦等伤害之虞，作为服饰里子，穿着时滑爽舒适，故常用于这类里子。香色云鹤纹暗花绫装裱材料（图15）以其织造的精致细腻、提花的清晰取胜，云纹、仙鹤线条纤细流畅，构图疏朗，绫纹组织不仅使织物华丽光亮，同时增加了其耐磨性能。绿色蝴蝶花卉纹暗花绫经面（图16）则有些许不同，其提花花纹粗犷大方，经纬略粗，织造工艺稍显致密不足、疏松有

图13 金黄色暗花绫书衣

图14 金黄色暗花绫书衣

图15 香色云鹤纹暗花绫装裱材料（局部）

图16 绿色蝴蝶花卉纹暗花绫经面

13	14
15	16

余，因此花纹边缘略欠清晰。平纹起花部分或多于绫纹组织的地子，虽然花纹大方、美观，但其绫地的华丽光泽略显不足，属于粗绫。

除暗花绫之外，清宫还大量织造使用诸如蓝色素绫经面这类素绫材料，用于一般经面、囊匣里、活计里等的装裱，或服饰的马蹄袖里、室内装饰，鲜见于典籍珍品的装帧装饰。

（四）罗

罗，是绞经组织织物。《天水冰山录》记载明代的罗的品种有素罗、云罗、遍地金罗、闪色罗、织金罗、青织金过肩蟒罗、青妆花过肩凤罗、青织金妆花飞鱼过肩罗、青织金獬豸补罗、红妆花凤女裙罗、绿妆花凤女衣罗、绿织金妆花孔雀女衣罗、绿妆花过肩凤女衣罗等，可谓极尽华美奢侈。同时也说明，罗是明代宫廷重要的御用丝织品。

罗的经纬线都加弱捻，织物的基本组织结构是甲、乙、丙、丁四种经线，分为两组，其中甲乙经、丙丁经在每一单数纬线处分别相绞，绞经使罗的表面呈现横向条纹，再用不加捻的绒线纹纬提花。罗的面料挺括，薄厚适中，除做衣料外，是上好的书籍经面装帧材料。故宫院藏装帧材料中有二色罗、织金罗等品种。二色罗又称为“花罗”，它的地纬与经线颜色相同，花纬另色。黄色地缠枝菊莲纹二色罗经面（图17）是用二色罗匹料裁剪装裱经书的，它的地纬和经线为黄色，纹纬是不加捻的红色绒线，与经线通梭相绞成缠枝菊莲纹。全幅提花清晰，设色明快，是明代二色罗代表作之一。织金罗的组织结构与二色罗相同，只是纹纬使用片金线，与经线相绞，使纹饰金光熠熠、华美亮丽。红色地凤穿牡丹纹织金罗经面（图18）和绿色地四合如意云纹织金罗经面（图19）是明代织金罗精品。

（五）绸

清代《蚕桑萃编》记载的绸有20种，而清宫旧藏的绸以江绸、潞绸、线绸、宫绸以及各式平纹绸、斜纹绸等品种为主，这些绸也都有各色暗花的品种。

用于装裱书籍的一般是暗花绸。暗花绸的组织一般为二至五枚的斜纹地，纹饰部分有平纹和纬斜纹两种。绸的经纬都有强弱不同的捻度，因此，绸面光泽逊于绫。也正是因为经纬都有不同的捻度，绸的牢度略胜其他单层丝织品，作为装裱材料更适宜。清宫旧藏明黄色万字曲水四季朵花纹暗花绸书衣（图20）和绛色云鹤纹暗花绸经面（图21），虽不及江绸细腻挺括，也不及绫的光泽，但因其织造质地致密柔软，织物的纹饰提花清晰，图案题材祥和，作为装裱材料恰到好处，因此这类斜纹绸用于装裱比较常见，是装裱书画卷轴、经书典籍的上好材料。

图17 黄色地缠枝菊莲纹二色罗经面

图18 红色地凤穿牡丹纹织金罗经面

图19 绿色地四合如意云纹织金罗经面

17 | 18 | 19

图20 明黄色万字曲水四季朵花纹暗花绸书衣

图21 绛色云鹤纹暗花绸经面

图22 香色云水纹潞绸书衣（局部）

20 | 21 | 22

潞绸质地均匀细薄，致密柔软，花纹多为二方连续形，略扁，分为纹与地同色、异色两类。香色云水纹潞绸书衣（图22）是这类装裱材料的精品。

二色绸始见于明，特点是经线与纬线颜色不同，交织成三枚左向斜纹地，纬六枚左向显花，如绿色地织黄牡丹寿字纹二色绸经面（图23）、元青色云凤纹二色绸经面（图24）就是这类绸的精品。

清宫经常阅读的书籍、经卷，多用材质柔软的暗花或素色匹料裁剪装裱，一则造价相对经济，二则书衣柔软耐磨，书籍握在手中较为应手，

图23 绿色地织黄牡丹寿字纹二色绸经面

图24 元青色云凤纹二色绸经面

绸织物就是这类装裱材料，用量较多。

（六）缎

缎纹组织是互相参差的长浮经组织，缎织物的面匀细、光滑，手感柔软。元明两代大部分是五枚缎，清代五枚缎、八枚缎都有。这类缎织物除光泽有强弱的分别之外，几乎看不出不同。但五枚缎的织物组织结构是每一浮经下有四枚纬线，八枚缎的每一浮经下有七枚纬线。浮经下纬线的枚数越少，缎的质地越坚实牢固，越不易变形。另外，缎的经线细而加捻，纬线粗，一般不加捻或只有弱捻。而素绫的经线不加捻，绫质轻薄且较缎稀疏，是绫与缎的区别。

缎纹织物起自何时不详。至元，《元典章》中有“金素缎匹”、“缎子”、“毛缎”等名目。所见最早缎纹织物是出土的元代五枚缎地织平纹暗花的缎纹织物。明清缎纹织物的品种繁多，明代有闪缎、花缎、妆金缎、织金缎、妆花缎等，以五枚缎、六枚缎为主；清代的有素缎、暗花缎、两色花缎、鸳鸯缎、罗纹缎、织金缎、妆花缎等，以七枚缎、八枚缎见长。清代的缎较之明代更为柔软，在织造技术上，减少了经线的捻度，把经线变细，同时提高密度，而纬线变粗，也更稀疏，从而使得缎织物细腻、柔软、滑爽、光润。

暗花缎、织金缎、两色花缎因其面料光滑耐磨，常见于装帧经书典籍，但都是匹料裁剪为之，未见定织的缎织物装裱材料。故宫院藏香色折枝牡丹海棠纹暗花缎书衣（图25），为暗花缎，提花清晰，织造致密，织物光亮滑爽，有很好的耐磨性，是常见的装裱材料。清初织金缎用金多为片金，光亮华美，熠熠生辉，彰显皇家用品的尊贵。红色云龙纹织金缎书衣（图26）所用金为片金，属库金类，因年代久远，书衣又是经常手抚之物，片金已尽数变色，但织物组织保存完好，可见当年必是金光熠熠、华美精致的皇家用品。绿色地缠枝莲菊纹织金缎经面（图27）为五枚二飞缎地，片金线织菊花、莲花，虽是明代织造，至今仍旧金光熠熠，只是中间有一道裂痕，为原装帧经面的折痕磨伤，甚是可惜。清代的两色花缎又称为“地花两色库缎”，属库缎类，是由明代的纬二重提花缎织物发展而来的八枚二色缎织物。如绿色地黄缠枝莲二色缎（图28），是经面装裱材料，其特点是纹纬较粗，经丝加捻，织物花纹醒目清晰，缎面滑爽耐磨，装裱用极佳。二色缎是南京云锦（江宁织造）的传统织物，每年都有供奉宫廷。

故宫院藏缎织物经面，几乎囊括了明清所有花色，如灰蓝色云龙杂宝纹暗花缎经面、红色地缠枝牡丹纹织金缎经面、柳绿色地缠枝莲牡丹菊

图25 香色折枝牡丹海棠纹暗花缎书衣（局部）

图26 红色云龙纹织金缎书衣（局部）

图27 绿色地缠枝莲菊纹织金缎经面（局部）

图28 绿色地黄缠枝莲纹二色缎（局部）

25	26
27	28

纹织金缎经面、黄色地折枝勾莲纹织金缎经面、粉色地绿勾莲牡丹纹二色缎经面等。品种丰富华丽、造价昂贵的缎织物，用于经书装裱，说明了皇室对佛教的重视，也因此保留下这些珍贵的实物资料，来佐证中国丝织业辉煌的昨日。

（七）锦

锦，亦称为织锦。据《六书故》“织彩为文曰锦”可知，在古代凡织之成纹的多彩织物，都可称为锦。花纹华丽的丝织物，须由重经或多纬才能织成，所以织锦又有经线起花与纬线起花两大类，称为经锦和纬锦。明清两代宫廷用锦多为“三大名锦”：因时代命名的宋锦，因产地命名的蜀锦和因纹饰命名的云锦。其中宋锦的历史可上溯到宋代，明清两代苏州采用宋代纹饰织锦，华美绚丽，为人称道，被称为“宋式锦”、“仿宋锦”、“明代宋锦”，多为明清宫廷所用，故宫院藏的宋锦多为此类。宋锦又可分为重锦、细锦和匣锦，各具特色。云锦则名目繁多，是丝绸织物中织造工艺最为繁复、人力物力投入最多、用途最为广泛、花纹最为绚丽的品种。

明清两代宫廷大量用作装裱材料的织锦，从织造组织结构上说，多为纬锦。其组织特点是多纬，锦面致密，花纹线条流畅，有明显的凹纹边线，色彩丰富，晕色效果好。大多属于细锦、匣锦和部分云锦。重锦因其厚重，多织作装饰艺术品、卷幅等，鲜为装裱用材，蜀锦用于装裱的较鲜见，云锦则多见于服饰及铺垫用材。

1. 细锦

明清两代宫廷用的细锦属于宋式锦，用丝细而相对稀疏，薄厚适中，手感柔软，适用性强。细锦的图案繁复多变，这类锦鲜见于服饰，宫廷大量织造就是用于装饰装裱以及铺垫等所需。明清两代八达晕锦、宝蓝天华锦等，都是轻薄型的细锦。

蓝色八达晕细锦（图2、图29），八达晕图案的锦常见于经面和书籍

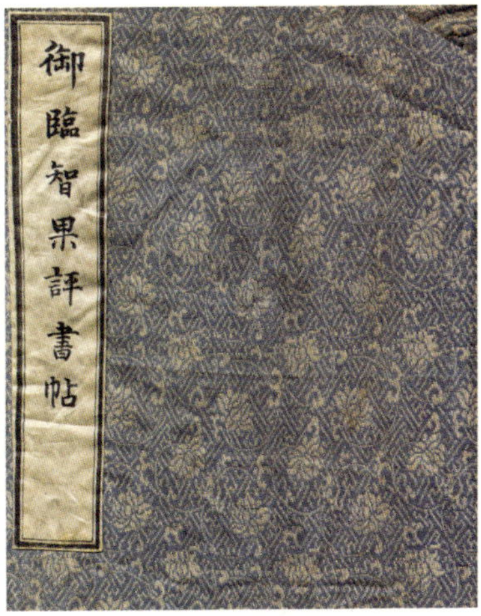

图29 蓝色八达晕细锦（局部）

图30 香色双龙盘绦纹二色锦书衣

图31 月白色万字曲水地缠枝莲纹二色锦书衣

29 | 30 | 31

装裱。八达晕图案起源于宋代，又称为“八搭晕”、“八搭韵”、“天华锦”等，意喻“四通八达”。图案繁华绚丽，端庄规矩，花纹单位大，花纹层次繁复，细腻多变，设色丹碧玄黄，错杂融浑，端庄古雅。因其经线加捻，织物组织结构繁复紧密，使得织物结实耐磨，是上好的装裱材料。

清初的二色锦仅设两色，正反面互为花纹，如香色双龙盘绦纹二色锦书衣（图30）、月白色万字曲水地缠枝莲纹二色锦书衣（图31）经纬均无捻，织造时不用短跑梭，花纹密集，耐磨性能好，这类锦鲜见用于服饰，多用于装裱书籍经卷、囊匣锦盒。

从织造技法上，细锦的地和纹组织的平纹或斜纹有多种组合，使细锦呈现不同的特点。明黄色地松鼠葡萄纹细锦书衣（图32）的花纹、地子的结构都是三枚左向斜纹，用短跑梭织花纹主题，长跑梭织叶、蔓等相配纹饰。故宫院藏这类细锦可见纬色丝多达20多种，但不增加细锦的厚度，因此，有称这种工艺为“活色”的。此件书衣的花纹清晰，花纹单位横向排列但没有横条感，是“活色”工艺典型的代表。绿色地双狮球路纹细锦（图33）也是同类细锦，在双狮戏球纹外，间饰奔兔、夔龙、公鸡、宝相花等花纹，繁密不失清晰，可见织工精致细密。米色地凤衔牡丹球路纹

图32 明黄色地松鼠葡萄纹细锦书衣

图33 绿色地双狮球路纹细锦装裱材料（局部）

图34 米色地凤衔牡丹球路纹细锦装裱材料（局部）

32 | 33 | 34

细锦（图34）、明黄色地六合如意宝相花纹细锦书衣（图35）是缎纹，纹组织是斜纹，且无捻，因此丝质的自然光泽明显，使光泽华丽成为这种细锦的特点。灰色地四合如意纹细锦（图36）的地组织是缎纹，纹组织是斜纹，经纬无捻，花纹不易变形，耐装裱，是常见的装帧材料。

乾隆时期是丝织业繁荣发展的时期，细锦作为宫廷用锦，大量织造，不仅用于宫廷装裱，还大量赏赐寺庙。这类细锦耐磨结实，图案华美端庄，因此装裱经卷书籍更为适宜。

2. 匣锦

匣锦又称“小锦”，顾名思义，匣锦就是装裱用材，织造时用色较少而素雅，以短跑梭显花，匣锦图案多为小几何纹填花或小型朵花纹。其织物组织有斜纹地、斜纹花的如绿色地古钱簟纹匣锦（图37）、绿色地四合团寿字纹匣锦（图38），图案较小，规矩方正，经纬很少浮在织物表面，虽质地稍显稀疏软薄，但装裱过程中花纹不易变形，常见于书籍经卷装裱。而明黄色地如意朵花万字曲水连钱纹匣锦（图39）的地组织是六枚经

图35 明黄色地六合如意宝相花纹细锦书衣（局部）

图36 灰色地四合如意纹细锦（局部）

图37 绿色地古钱簟纹匣锦(局部)

图38 绿色地四合团寿字纹匣锦(局部)

图39 明黄色地如意朵花万字曲水连钱纹匣锦(局部)

35 36

37 38 39

图40 黄色地缠枝牡丹夔龙纹抹梭锦

缎，花纹则是长纬浮花，花纹稍大，缎纹地可显现比其他匣锦更为华丽的丝光，图案内容丰富，层次分明，但匣锦并不厚重，是装裱用锦中的佳品。

3. 抹梭锦

抹梭锦是大花彩锦。所谓抹梭，是指采用通梭织造，花纹和地子都不用挖梭显花，织造时彩色纬线在正面显花，不显花时彩纬沉入背面，在背面形成彩条。锦的图案主色调由长跑纬决定，换色则由短跑纬实施。抹梭锦的图案稍大，装饰效果华丽美观。清乾隆黄色地缠枝牡丹夔龙纹抹梭锦（图40）上夔龙纹刚健挺拔，缠枝牡丹婀娜多姿，图案风格刚柔相济，地子的缎纹很好地展现丝质的光泽，使锦面华美光亮，是装裱用锦中的上品。

故宫院藏各类织锦的经面多收藏自尚方山等处寺庙，品种繁多，织造技法多样，花色绚丽，如：红色地龟背如意纹锦经面、浅蓝色地如意纹天华锦经面、黑色地团龙卷草杂宝纹锦经面、古铜色地如意朵花纹天华锦经面、果绿色地四合如意纹天华锦经面、绿色团太狮少狮纹锦经面、驼色回纹地团福鹿寿纹锦经面、古铜色地盘绦朵花纹锦经面、驼色落花流水纹双层锦经面、方格团兽纹妆花锦经面等，虽然经面用锦的花纹单位鲜见完整，但仍可通过研究织物的组织结构认识中国古代纺织发展的高水平以及装裱材料的丰富多彩。

三、织绣装裱材料的纹饰寓意

吉祥图案在织绣文物中的表现是最为精彩的，故宫藏装裱材料及清代宗教寺庙中接受赏赐用于经书装裱的织绣材料，纹饰丰富多彩，尤以吉祥图案的丰富内容和精巧独到的纹饰设计，为历代翘楚。乾隆朝以后，织绣材料的图案纹饰更加精细秀美，吉祥寓意几乎囊括了所有的传统吉祥图案，巧妙地利用这些吉祥寓意、传说典故，以及汉语文字的谐音，体现满汉民族传统文化相融合的内涵，意趣无穷。图案诸如云龙蝙蝠、四季花卉、山石祥云、海水江崖等，可谓变化多端，图案设计饱满，纹饰大多以福、禄、寿、喜为主题，以花卉、草虫、瑞禽、佳木喻之。造型变化多端，随心所欲（表1）。

表1 织绣装裱材料常见图案及寓意

图案	寓意
万字曲水团寿纹	万寿无疆（图41）
流云翔鹤纹	祥和如意（图10、图21）
团龙四合如意纹	圣上四季如意（图42）
灯笼、五谷、地景纹	五谷丰登（图43）
石榴、佛手、莲蓬、龟背纹	多子、多福、多寿
八宝、杂宝纹	福寿
蝴蝶、牡丹纹	长寿、富贵（图44）
万字曲水团寿字纹（间饰蝙蝠、飘带）	福寿万代
万字曲水、鱼纹	万年吉庆
五只蝙蝠环绕一团寿字	五福捧寿（寿、福、康宁、修好德、考终命，谓五福）

图41 香色万字曲水团寿字纹暗花绸经面（局部）
图42 黄色地团龙四合如意纹细锦书衣残片

续表1

图案	寓意
佛教八宝（轮、螺、伞、盖、花、罐、鱼、肠）	八吉祥（图45）
儒教八宝（珠、磬、方胜、犀角、书画、金银锭、万字、艾叶）	
道教八宝（扇、花篮、鱼鼓、箫、剑、竹板、葫芦、莲）	
天竹、牡丹	天祝富贵
菊花、牡丹	长寿富贵（图46）
葫芦、如意	福禄如意
葫芦、万字、飘带	福禄万代
灵芝、水仙、竹子、桃实	灵仙祝寿
蝙蝠、葫芦、桃实、喜字	福禄寿喜
香炉、古瓶、鼎、犀角、鉴、尊、圭、古书画	博古
萱草、石榴（或葡萄）	宜男多子

吉祥图案作为中国独特的传统艺术元素，在历代的建筑、雕塑、器物、织物等中都有所表现，以清代尤为繁盛。但不同的艺术形式所传达出的内容

图43 蓝色地灯笼纹细锦（局部）

图44 灰色缠枝牡丹百蝶纹暗花绸书衣（局部）

图45 香色地八宝水纹二色锦书衣残片

图46 红色地折枝牡丹菊花纹双层织物书衣

43	44
45	46

基本是一样的，就是巧妙利用汉语文字的谐音，以民间喜闻乐见的动物、植物、器物，或是传说中的寓言典故，寓意美好的吉祥祝福，表现出中华民族文化和语言文字的博大精深，以及表达感情的深沉委婉。

针黹绘锦绣　虔诚礼佛心

——清宫织绣唐卡

唐卡有着鲜明的民族特色和浓郁的藏传佛教的艺术风采。唐卡绘画是运用鸟瞰全局和散点透视结合的手法，将远景近物组织在同一个画面里，向佛教众生宣传佛教教义及佛祖生平事迹。刺绣唐卡作品丝质的柔软和其特有的光泽，是任何粉彩翰墨难以媲美的。

唐卡，为藏语音译，是藏传佛教的一种用锦缎装裱的卷轴佛像画，有着鲜明的民族特色和浓郁的藏传佛教的艺术风采。唐卡的绘画特点是运用鸟瞰全局和散点透视结合的手法，将远景近物组织在同一个画面里，向佛教众生宣传佛教教义及佛祖生平事迹。唐卡是比壁画更便于携带，比佛经更生动形象的供奉之物。在西藏的传说中，唐卡出现在7世纪西藏吐蕃王朝时期，佛教传入西藏之始。现存最早的唐卡是11世纪藏传佛教后弘时期绘制的，现存15世纪以前的唐卡非常鲜见，传世作品大多为17、18世纪作品。故宫博物院所藏唐卡大都为这一时期的作品，尤以清乾隆时期的作品最为精致，最具皇家特色。

故宫博物院藏唐卡，一是西藏各地历代的宗教领袖、王公大臣、大喇嘛等进献给清朝皇帝的礼品，出自西藏画师之手，称为“番画”或“藏画”；二是由清朝宫廷中正殿念经处画佛喇嘛和画师绘制；三是出自北京民间工匠之手，清宫称之为“京画”。清代《宫中杂件》记载有：“乾隆十三年四月，桃州禅定寺重藩觉国师阳卓阳罗卜藏进藏画挂像佛三轴一堂，乾隆十四年九月二十八日此一堂雨花阁供。”“乾隆十五年八月初二日，和亲王进京画无量寿佛旧轴一堂。”从绘画艺术的角度看，藏画唐卡和京画唐卡所绘内容基本是一样的，绘画的手法及艺术形式也无大差别，都是佛教信众呕心沥血之作。而从装裱形式上看，宫廷的作品更为华丽讲究，边饰均为织金缎、纳失石等名贵织物，有些边饰是按照唐卡画的尺寸专门织造的完整的画框，镶饰后四周没有缝迹。绦带为明黄色或金黄色丝质带，轴头多为银质，嵌各色宝石，装裱工艺精细规矩，将佛像烘托得金光熠熠，彰显出皇家礼佛活动的尊贵气派和奢华。

早期的唐卡是写在织物上的文告，所以几乎是正方形的，后来衍变成宗教绘画，唐卡的外观也变成了中国传统绘画的卷轴形式，尺寸也大小不一，大者可盈丈，小者仅有五寸。

唐卡质地主要分为两大类，绘画唐卡和织绣唐卡，绘画唐卡占其大多数。绘画唐卡作品一般以棉布或丝绸为地，采用矿物质绘画原料渲染绘制，色彩鲜丽明快，不易褪色。织绣唐卡是唐卡中极珍贵的作品，包括缂丝唐卡、织锦唐卡、堆绫绣唐卡和刺绣唐卡，是以绘画唐卡为基础的二次创作。缂丝和织锦唐卡是依照画稿在织机上织造而成。堆绫绣唐卡是依照画稿纹饰将细绫剪成所需图案，再堆叠缀绣而成。刺绣唐卡则是依照绘画原稿，用针黹设色的佛教绣像，工艺以满绣居多。而满绣工艺之繁复，针法变换之多样，擘丝之细致，晕色技巧之精妙，是绘画唐卡和其他织绣唐卡无法比拟的。

满绣是历史悠久的传统刺绣技法，常见的是以素色面料为地，以五彩丝线设色绣制。落针不留地子、水路，将底料完全覆盖，靠针脚的平齐细腻、针法的变换来绣绘出物象轮廓。满绣是唐卡最常用的绣法，最早的考古发现是敦煌莫高窟发现的北魏太和十一年（487年）《佛说法图》残件，绣品采用满地锁针绣技法，绣坐佛、立菩萨、供养人和花卉，以及“广阳王慧安”的发愿文。作品线条流畅，纹饰繁复，极似绘画作品。清代满绣一般采用素缎或素绫为地，其特点是：以平针、套针作为基础针法，辅以钉线、斜缠针、平金等技法，而套针在具体运用时又分为平套针、散套针和集套针，视图案运针，以五彩色丝设色绣制。落针完全覆盖地子，以针脚的平齐细腻、针法的变换来绣绘出物象轮廓。绣线擘丝纤细，运丝致密，使绣像具有浮雕般的立体感。

满绣唐卡的色彩和绘画唐卡一样华美鲜丽，晕色技巧讲究师法自然。多采用退晕与间晕相结合的晕色手法，达到突出佛像主体的目的。针凿虽然细微，但作品构图饱满充实，场面宏大壮观，以乾隆时期的作品最具代表性。

满绣唐卡不仅向佛教信众传达了佛教的教义、史话、佛祖的生平事迹以及宗教活动等，同时也通过殚精运巧的刺绣艺术展示了信教众生对诸佛虔诚的崇奉，这在世界各大宗教中是极为鲜见的。试举几例，与读者共飨。

满绣《文殊佛像》轴（图1）现藏故宫博物院，是清乾隆时期作品。文殊菩萨是藏传佛教中八大菩萨之一，与观世音菩萨并列为最受崇信的菩萨。藏传佛教认为，达赖喇嘛是观世音菩萨的化身，而清朝皇帝则是文殊菩萨的化身。此幅文殊菩萨绣相为静相，结发戴宝冠，面目慈祥，黄色身，袒露上身，左手持经书，右手持剑，结跏趺坐于莲花座上，上下各有随侍菩萨两尊，属于藏传佛教显宗。绣像技法采用传统的平套针、散套针为基础针法，并施以平针、钉线、斜缠针、平金等针法，运针细致精巧、灵活多变，将菩萨静谧安详的面部表情非常传神地表现出来。天空大块的蓝色，用散套针技法和极细的丝线晕染，针脚平细，自然和谐。菩萨身体的绣制按照肌肉纹理走向运针，突出了其质感，有真实完美的视觉效果，具有乾隆时期唐卡制作的特点。

绣像边饰用整幅红色寿字织金缎和绿色织金缎镶饰，其中红色寿字织金缎是按照绣像尺寸织造并镶饰的，红色缎地和捻金线的金色相辉映，彰显出菩萨的辉煌与尊贵。

满绣《释迦牟尼像》轴（图2−1、图2−2）现藏故宫博物院，是清乾隆时期的作品。释迦牟尼是对佛教创始人乔达摩·悉达多的尊称。其意为

图1 满绣《文殊佛像》轴

"释伽族的圣人"，释迦牟尼为佛教显密教派共尊的本师。其造像、绘像、绣像非常多，不仅藏传佛教的如此，汉地佛教信众也将供奉释迦牟尼佛作为礼佛的功德。

这里需要提到的是，佛教绣像在中国有着悠久的历史，南朝梁沈约

图2-1 满绣《释迦牟尼像》轴

图2-2 满绣《释迦牟尼像》轴（黄签）

2-1

2-2

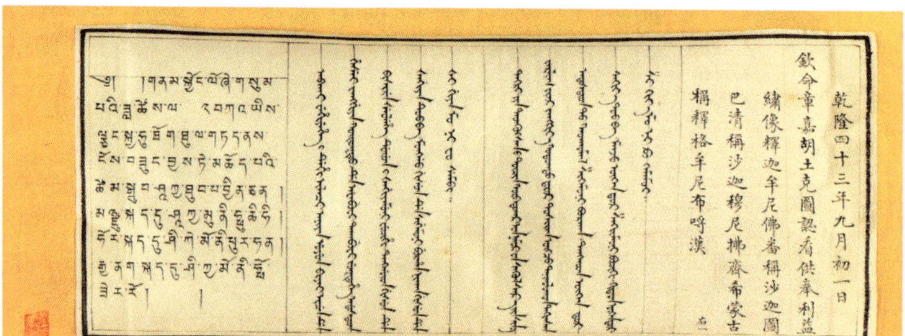

乾隆四十三年九月初一日
欽命章嘉胡土克圖認看供奉利益
繡像釋迦牟尼佛番稱沙迦圖
巴清稱沙迦穆尼拂齊布家古
稱釋格牟尼布呼漢
右一

在《广弘明集·绣像题赞序》有“乐林寺主比丘尼释宝愿造绣无量寿尊像一躯”的记载。按佛教的教义：“若有众生于佛灭后，造主形象，幡花众香持用供养，是人来世必得念佛清净三昧……除却百亿那由他恒河沙劫生死之罪。”于是，耗费巨大人力、物力、财力刺绣佛像，通过针黹的繁复精致，表达崇奉者虔诚礼佛的心态，也成为古今佛教信众崇奉诸佛的功德。

此绣像中释迦牟尼面相祥和，螺发高髻，身着红地绣花袈裟，袒胸，结跏趺坐于莲座上。上方为蓝天祥云，下方为两尊随侍菩萨，显示着释迦牟尼佛的至尊地位。此幅满绣唐卡构图疏朗有致，同样采用套针为基础针法，辅以钉线、平针、平金。套针用于表现面部、发髻，云纹、背光等，精致细腻地将佛祖面部表情表现得祥和传神，衣纹线条等处用钉线勾勒，使之流畅自然，肌肤纹理用平针和套针相结合，极富质感。天空大部分用散套针绣制，散套针的特点是等长线条参差排列，批批相迭，针针相嵌，针迹隐伏于线条下面，而线条组织形式比较灵活，丝理转折自如，晕色浑厚和顺，绣面细腻平服，将地子完全绣满，用来大面积设色，有似绒非绒、似锦非锦的艺术效果。作品以蓝色为主色调，晕色自然和谐，使绣像富有立体感。绣像同样用整幅红色寿字织金缎镶饰外缘，边饰为绿色织金缎。无论佛像画稿的绘制，还是绣工的细腻完美，此作品均可谓清乾隆时期丰富唐卡作品中之杰出者。

绣像背面的白绫墨书为汉、满、蒙、藏文，题记：“乾隆四十三年九月初一日，钦命章嘉胡土克图认看供奉利益绣像释迦牟尼佛……” 是关于此幅绣像的珍贵文字资料。

《吉祥天母像》轴（图3-1、图3-2）现藏故宫博物院，是清乾隆时期的作品。吉祥天母又称为吉祥天女，梵文音译为“罗乞什密”或“室利”，在藏传佛教中是万神殿中居首位的护法女神，所以藏传佛教的唐卡中描绘的吉祥天母形象均为蓝色身，面相威猛，头戴骷髅冠，呲口獠牙，

图3-1 《吉祥天母像》轴
图3-2 《吉祥天母像》轴（黄签）

3-1

3-2

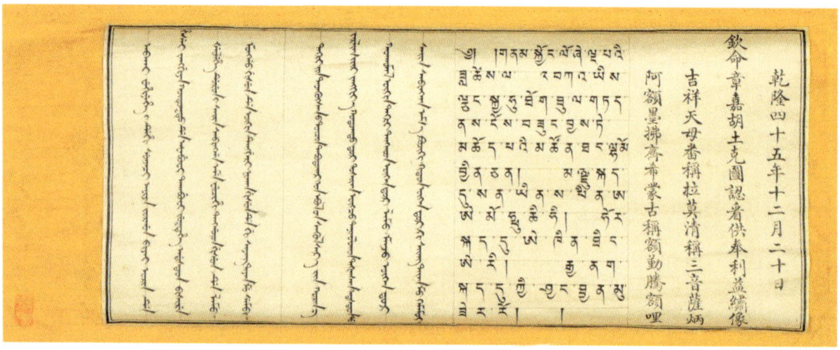

怒目圆睁。为了表现她闯过了天、地、海三界，吉祥天母的左手持装满童血的噶巴拉碗，右手持金刚杵，身挎骷髅大璎珞，腰佩拘鬼牌，骑三目黄骡子，跋涉于漂浮着骷髅的血海之中，给鬼神以无比震慑。绣像上方左起为密集金刚、大威德金刚和上乐金刚，下方为吉祥天母下属诸神。

虽然吉祥天母面相可怖，饰品骇人，但满绣艺术通过华美的设色巧妙地将其威猛的震慑力突出地展现出来，通过层次丰富的构图、细腻精致的刺绣技法表现了佛教众生对吉祥天母的敬畏和崇拜。作品采用套针、齐针、斜缠针、钉线、平金等传统针法绣制，晕色全部用退晕技法，使之自然和谐，质感突出。细微处着笔点染，体现了作者虔诚、敬畏的心情和细腻精致的工艺水平。绣像的镶边也采用红色篆书寿字织金缎，是按照绣像的尺寸织造的整幅边饰，因此全幅边饰没有接缝，与绣像完美结合成一体，代表着乾隆时期佛教绣像的特点，表现出皇室宗教活动的奢华。另外，绣像背面有白绫以汉、满、蒙、藏文字墨书："乾隆四十五年十二月二十日，钦命章嘉胡土克图认看供奉利益绣像吉祥天母……"是关于此幅绣像的珍贵文字资料。

《阳体秘密佛像》轴（图4-1～图4-3）现藏故宫博物院，是清乾隆时期作品。阳体秘密佛即藏传佛教的密集金刚，亦称为"集密金刚"、"密聚金刚"。代表"三世诸佛之身语意三密无别或聚集"之意，为无上瑜伽部五大本尊之一的方便父续本尊，受藏密诸派崇奉。清宫称其为"阳体秘密佛"。此尊阳体秘密佛结跏趺坐于莲花座上，为蓝色双身，均为六臂。佛像的红、白、蓝三面表示敬爱、息灾和降服。主臂怀抱明妃可触金刚母，并向上分持象征方法与智慧双成的金刚杵、金刚铃。左侧手持摩尼宝珠，握剑，右侧手持法轮，握白莲。

《阳体秘密佛像》轴全幅以满绣针法绣成，满绣工艺的最高艺术境界是以针代笔、色丝为墨绣绘图案，绣工细致而绣面平服，作品似画而不用笔墨点染，似锦而不用飞梭织造，行针不显针痕，运丝不露线迹，设

图4-1 《阳体秘密佛像》轴

图4-2 《阳体秘密佛像》轴（黄签）

4-1
4-2

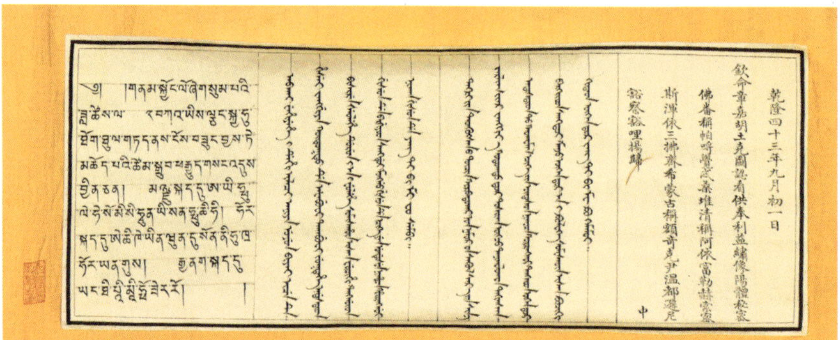

乾隆四十三年九月初一日

欽命章嘉胡土克圖認看供奉利益繡像陽體秘密

佛番稱帕呼嚕[illegible]桑堆清稱阿保富勒赫實密

斯潭依三彿齋希蒙古稱額訥奇克尹温都蘇尼

鉛察䥫哩揚歸

中

图4-3《阳体秘密佛像》轴（局部）

色华美艳丽，构图饱满。此幅绣像用套针、平针、斜缠针、钉线、平金等针法绣制。钉线用于勾勒祥云、花卉以及佛像肌理，线条流畅。平金线装饰服饰上的花纹以及勾勒叶脉，尤显细腻独到。套针则用于较大色块的绣制，如佛像的背光、蓝天等。用间晕与退晕相结合的方法晕色，使图案的立体感更为突出。绣像外缘装饰红色寿字织金缎边、绿色缠枝莲织金缎边。绣像背面的白绫墨书为汉、满、蒙、藏文，题记："乾隆四十三年九月初一日，钦命章嘉胡土克图认看供奉利益绣像阳体秘密佛……"

刺绣唐卡作品与绘画作品相比更便于携带和卷起来保存，丝质的柔软和其特有的光泽，是任何粉彩翰墨难以媲美的，可谓"针黹绘锦绣"，表现了绣者虔诚的礼佛心。但是刺绣唐卡所用的人力、财力、物力却不可小觑。清乾隆时期国运相对昌盛、各民族和睦相处，宫廷耗费巨资礼佛，不仅有相对稳定的经济基础，也有那个历史时期的政治背景。这些刺绣唐卡文物的历史价值对于研究乾隆时期的宗教、政治以及刺绣工艺水平都是弥足珍贵的。

施精巧针技　夺翰墨精彩

——清宫广绣精品

清中期以来，广州是重要的对外通商口岸。频繁的文化交流，对广绣的题材选用、图稿绘制、针法表现，起到了不可忽视的作用。中西绘画艺术的结合及其再创作是这个时期其他绣种较为鲜见的。故宫藏广绣作品都是这个时期的精品，不仅世所罕见，也是研究广绣工艺及其发展源流的重要文物资料。

广绣是广州地区名绣，历史悠久。明清时与潮州地区的潮绣一起构成了具有岭南文化鲜明特征的粤绣，粤绣在中国刺绣史上具有重要的位置，与苏绣、湘绣、蜀绣齐名，并称“四大名绣”。

粤绣的产生和发展处于岭南文化的历史背景下，它的两大流派——广绣与潮绣艺术特点有共同之处，也有明显的不同特色。共同特点是：图案设色的鲜艳、针法的丰富多变、题材的广泛和构图的丰满。但是广绣与潮绣也有不同之处，主要表现在刺绣原料的选择上。

潮绣的刺绣取材，在色丝以外有更多的选择，比如金银线、亮片、绫片、棉花、彩珠、孔雀羽等，从而使绣品更具富丽、华美、立体的特点。潮绣的绣材也决定了它使用的针法，刺绣时多数只能采用钉的技法来固定金线、亮片、孔雀羽和珠子。而垫高绣，则需要把图案用棉丁、纸丁等辅材垫出立体形象，再在上面刺绣纹样，技术难度相当高。潮绣的题材内容多为民间婚礼喜庆、庆生祝寿等，充满民间风俗风韵，地方特色尤为突出。

广绣则以构图饱满、花纹繁复、设色华丽、绣工精致著称，刺绣取材更多地采用无捻的色丝擘绒，其他材料的选择非常鲜见。在画稿题材上，广绣有相当部分的题材是渔樵耕读、山水、花鸟、博古等文人画，彰显了较高层次的文化品位。故宫博物院现藏清代广绣作品无论从数量、题材、意境、绣材、绣工都是最具代表性的，笔者试举几例，与读者共赏。

一、广绣《百鸟争鸣图》

广绣《百鸟争鸣图》（图1）全面体现了广绣针法繁复，运针变化多

图1 广绣《百鸟争鸣图》

端，针脚工整规矩，绣工细薄，配色鲜丽华美，构图繁复，富层次感，所绣物象写实逼真的各类特点。针法及擘绒比北方粗犷的鲁绣细腻，构图比江南闺阁细绣繁丽，米色素绫地几乎不留空白，绣满孔雀、鸳鸯、鹌鹑、蜂鸟、八哥、鹦鹉、练鹊等十七种鸟和三只羊，以及菩提树、牡丹、荷花、芦苇等数种树木花卉。禽类千姿百态，绝无雷同，花草树木婀娜多姿、生机盎然。三只羊动感十足，栩栩如生，具有西画写真的神韵，又有中国传统绘画墨色渲染，华美富丽却不失雅致的意境。

在针法上，此图采用了套针、齐针、顶针、扭针、施毛针、鸡毛针、札针、打籽、刻鳞针、松针、网针、接针等十余种针法。交错变换，将禽类羽毛一根根、花木小草一叶叶绣出，运丝讲究鸟羽丝理走向，追摹真实物象的质感，尤其是鸡毛、孔雀羽更是针神艺绝，达到出神入化的艺术境界。

花鸟画题材是广绣的常见题材，将花鸟表现得如此灵动鲜活又雅致脱俗则世所鲜见，反映出当时社会环境相对和谐，绣工可以潜心研究绣画，艺术修养达到了较高的境界，作品选材起点高，工艺水平超凡脱俗。

二、广绣《鹤鹿同春图》

鹤鹿同春（图2）是以祝寿为主题的传统吉祥图案，也是广绣中最为常见的题材。此图将西洋画透视技巧与传统工笔绘画结合，描绘双鹿，结构准确，笔法工丽，以光线的明暗表现其立体感，用透视法表现场景远近，颇具清代宫廷画师郎世宁的绘画风格。

在绣工上，作者追摹原画稿风格，以非常细腻的套针、施毛针按照鹿动态中的肌肉、皮毛的纹理运丝，用丝线特有的光泽表现其明暗，将鹿的皮毛表现得异常真实，巧若天制，从而使小鹿活灵活现。其余如鹤、鸡等禽类用施毛针、套针、撕针、钉针、刻鳞针等，表现羽毛细若蚊睫的丝

图2 广绣《鹤鹿同春图》

理和轻盈光亮的质感，用撒插针、风车针、套针、齐针、扭针等多种针法绣山石、树木、花草，如实表现其远近层次和光线明暗。作品构图饱满，层次丰富，针脚平齐细腻，配色鲜丽华美，晕色自然写实，准确传达了原稿具有的西洋画透视写实的技法，和传统工笔画的工整、严谨、细致的风格，同时也通过刺绣这一再创作过程，巧妙利用丝质的光泽特点和精美绝伦的针法，覃精运巧，达到了翰墨难及的艺术境界。

三、广绣《丹凤朝阳图》

丹凤朝阳（图3）是广绣传统图案，图中红日高升，牡丹、紫藤、玉兰、荷花向阳怒放，梧桐树下的凤凰或立或卧，姿态矫健尊贵，荷下的鸳

图3 广绣《丹凤朝阳图》

鸯，翱翔的仙鹤，草坪上的喜鹊，飞舞的蝴蝶、翠鸟，枝头的绶带鸟、黄鹂，向凤而鸣，构成了和谐、热烈、华美的盛世景象，彰显了广绣构图富丽饱满、疏朗有致、层次分明、远近得宜的特点。

作品绣工细腻，作者熟稔运用广绣直针、编织针、咬针、施毛针、扭针、续针、撕针、刻鳞针、鸡毛针、风车针等技法表现鸟羽、花卉、草木、太阳。按物象自然生长肌理施针，使鸟羽饱满逼真，树石立体写实，花卉光泽鲜亮，红日、祥云线条流畅。丰富艳丽的色彩来自于广绣艺人对传统设色的传承，大红、深红、粉色、黄、金黄、驼色、紫色、葡灰、绿、墨绿、浅绿、棕褐、宝石蓝等十数种色彩，和谐相配，艳丽不失沉稳，脱俗不失华美，堪称广绣经典。

四、广绣《竹石双凤图》

竹石双凤（图4）为广绣传统祝寿的题材，图中灵芝和竹子寓意灵仙祝寿，骄阳下的凤凰彰显了对寿者的赞美。

作品一反广绣用色鲜丽的传统，设色沉稳古雅，晕色则采用间晕与退晕结合的方法，逐层晕染，使画面位置突出的湖石深入浅出，层次分明，明暗写实，立体感突出，并无色重压抑之感。

绣制凤凰羽毛的针法丰富，除传统绣鸟羽的扭针、撕针、缠针、刻鳞针、鸡毛针等针法外，尾羽用细于毫芒的铺针为地，用马尾缠丝为勒线绣羽脉纹饰，使之毛色立体、线条流畅、色彩丰富。

作品构图饱满但不繁杂，层次清晰明快，全面彰显了广绣花鸟的特点。

五、广绣《三阳开泰图》

三阳开泰（图5）是中国刺绣传统题材。各个绣种都有此题材的作品，尤以广绣最为杰出。“太”，与“泰”谐音，绣太阳意喻开泰，好运将至。“三羊”谐音“三阳”，中国农历每年十一月为初阳生，十二月为

图4 广绣《竹石双凤图》

图5 广绣《三阳开泰图》

4

5

二阳生，正月为三阳开泰，是为《易经》所言泰卦，有祝福春来万物生发、康泰平安的吉祥之意。

作品巧用广绣辫子股针、撒插针、扭针、风车针、齐针、刻鳞针、渗碎针、打籽针、勒针等技法，刺绣春阳高照下三羊嬉戏，鹦鹉、黄鹂、练鹊、绶带鸟等百鸟争鸣，以及树木湖石、花草蕉叶、蝴蝶飞舞，满目春意融融。构图繁复华丽，层次丰富。

清代，广绣针法与苏绣针法是有许多相通之处的，用法也基本相同，只是名称有较大差别。如，撒插针，苏绣称为“擞和针”，多用来绣制树石；扭针，苏绣称为“滚针”，也多用来绣制藤蔓、流云。此幅最为精妙的是用辫子股针绣制羊毛的卷圈，使羊毛既有卷曲的质感，又有丝质的光泽，立体而写实，达到了既循绘画古法，又巧夺翰墨风采的境界。而同时期的苏绣羊毛绣法，多以套针表现，与此有较大差别。

作品设色古雅别致，以沉香色系为主色调，用沉香、古铜、驼色、米色、黄色等为基础色调，辅以石青、蓝、湖色、草绿、灰、白、大红、橘红、粉红等色，使画面明媚鲜丽但不艳俗，古雅高贵又生机勃勃，是清代广绣之翘楚。

六、广绣《山水渔读图》

山水渔读（图6）是历代画家经常选用的绘画题材。此图画稿作者并没有用笔墨皴染写意山水般的山峦起伏、层林叠嶂、曲径通幽，而是以工笔写实的手法，将远山近景层次鲜明地表现出来——恬静古朴的茅屋农舍、庄严肃穆的古刹、清幽的江水渔帆、苍翠的远山云霭，渔父书生各得其趣，颇具古代文人画的神韵。作品每一景色均可独立成图，亦可共同组成一幅画面繁华的画卷，用广绣内容丰富、构图繁而不乱的特点来表现其意趣，可谓相得益彰。

此图绣工除采用广绣的铺针、直针、撒插针等传统针法外，还用竹

图6 广绣《山水渔读图》

织针绣茅屋顶，施毛针、网针绣乌蓬船的蓬，方格网针绣墙面，扭针绣云纹、水纹等，细微之处毫不含糊，均以最适合的独特针法真实地表现出来，这是广绣针法繁复、穷其巧变的特点。全图以棕、褐、驼、香色为主色调，配以深绿、浅绿、蓝色等，典雅古朴中带有鲜丽明快，是广绣的配色特点。

此图上方题有唐人诗句“飞泉挂碧峰”和绣工王田的题字，并绣王

图7 广绣花鸟博古插屏

田朱印。

七、广绣花鸟博古插屏

此件插屏为紫檀木座，嵌螺钿边框。画心为白色素锻上绣博古纹，开光处绣鹌鹑、小雀、山石、草虫等图案，是由晚清兴起的博古图演变而来的宫廷案头欣赏小品（图7）。

广绣以花繁色丽、绣工精致著称。此件插屏画心分为两层，以中间花鸟虫草为主题，外层的博古纹为衬托，花纹细巧繁多，配色以褐色、棕色、驼色、米色为主色调，配以红色、绿色、黑色、白色、金线等，既柔和雅致，又明快富丽。针法除直针、扭针、铺针外，还有撒插针等复杂针法，擘丝极细，针脚平齐细薄。绣品完成后，背面衬以木条钉成框，用线将绣品绷在木框上，纵横数十道，平齐有致，使画面平整，图案不变形，然后镶进紫檀木框。

此件插屏背面附有一份广东彩元字号的“广告”（图8）。夹在背板内，并不示人。彩元绣庄主人何竹斋介绍了彩元号的地址、经营绣品的品种、质地、绣品的去向及其经营理念，并钤有“彩元”、“竹斋氏”印，是研究晚清广绣的珍贵史料，其文如下：

广东彩元字号

右联：原始老铺向在广东藩台前朝北门面开张。

左联：分设一栈在广府前小马站口朝北门面发货。

本号承办进呈入贡各等绣货，专办各省文武蟒袍，珍珠补褂，朝衣朝裙，女蟒霞珮，各式挽袖，花边裙花，宫装云肩，旗装绣货，珍珠翎花，洋金古龙，绛丝戳纱，拉锁顾绣，大小满汉荷包、朝带，上绣翎毛、花卉、鸟兽、亭台、楼阁、山水、人物，围屏寿帐，桌上插屏，斗方挂屏，炕上围屏，八扇挂屏，大小座屏，中堂对联，条幅挂屏，檐彩铺垫，被褥帐檐，灯燧幛燧，洋金银线，时款裤带，翎毛围扇，栏杆衣边，胭脂宫粉，绒线杂货，一应俱全。本号不惜工本，拣选精工巧手，名绣俱仿名家书画，永无乡里工绣，近有无耻匪徒，将乡里工绣低货混充在外，贱售哄骗，希图射利，以假冒真，致有鱼目混珠之杂，特此告知，以辩假而崇真，所有贡品绣货，童叟无欺，凡绅商赐顾者，请细认本号仿帖，庶不致于贻误也。

彩元绣庄主人何竹斋谨识 彩元（阳文印） 竹斋氏（阴文印）

图8 广绣花鸟博古插屏
（背板）

从这段文字可以看出，清代广绣多以集体作坊形式生产，不似江南一家一户的个体绣作，采用母女相传、姐妹相传的学习方式，其生产水平有限。广绣这种作坊式的生产，则多用男工，绣工技术水平高于乡间粗绣，且分工细致，有一定的生产规模。《岭南丛述》记载："清代粤绣工人大多是广州、潮州等人……皆男子为之，精于女工，为其他省市所罕见。"这些史料反映了清代粤绣生产的真实状况。

广绣作为历史悠久的地方绣种，在清代有较大的发展，不仅得益于清中期相对安定和谐的社会环境、繁荣的经济，也得益于广州作为重要的对外通商口岸，海外贸易的发展和市场的需求日益增加。外来文化的影响和文化交流的频繁，对广绣的题材选用、图稿绘制、针法表现的发展也起到了不可忽视的作用。中西绘画艺术的结合及其再创作是这个时期其他绣种较为鲜见的。故宫藏广绣作品都是这个时期的精品，不仅世所罕见，也是研究广绣工艺及其发展源流的重要文物资料。

妙手绘丹青　针黹称翘楚

——清宫藏沈寿绣《柳燕图》解读

刺绣之仿真，始于晚清。始作者沈寿，幼年习绣，作品曾贡与朝廷，获慈禧太后大爱，遂赐名“寿”。《柳燕图》是沈寿早年作品。“当时中国绣板滞而难得画神，更加设色少学识”，为寻突破，沈寿远赴东瀛习画，归国后始创“仿真绣”，作品首获国际大奖，百年来无人超越。

刺绣书画艺术，依中国传统书画为稿本，用针黹来表现花鸟、人物、山石、建筑以及法书作品，是对中国传统书画艺术的再创作。与翰墨艺术不同的是，刺绣书画以针代笔，可以细腻地描摹、表现出物象图案的肌理、毛发、纹路和意境；以丝代墨，通过丝质独有的光泽来表现所绣物象的质感和立体效果，从而全面展现中国传统针黹艺术将中国绘画艺术发挥到极致的独特魅力。

中国传统刺绣的历史可上溯到四五千年前的尧舜时期，《尚书·虞书·益稷》中就有在服饰的下裳刺绣十二章图案作为礼服的记载。以后若干年，刺绣艺术逐步发展成熟。至宋代，宫廷对绘画艺术的重视，使得绘画艺术有了较大的发展，为刺绣艺术的进步带来了良机，使刺绣的书画艺术逐渐从刺绣的生活实用品中脱颖而出。一些具备良好绘画基础的作者，则以传统绘画作为摹本，无论色彩的布施，还是针黹的表现力都达到了画与绣的完美结合，被誉为“画绣”，成为刺绣艺术的一支奇葩。

刺绣艺术从生活实用品到“画绣”艺术的飞跃，是翰墨艺术发展所需，当绘画艺术需要追求神形兼备的意趣或精工华美的境界时，闺阁女红的刺绣艺术以其无可比拟的魅力，以针代笔，彩丝为墨，追摹翰墨意趣，并与绘画结合，展现了异曲同工之妙。董其昌在《筠清轩秘录》中曾这样比较宋元刺绣："元人则用绒稍粗，落针不密，间用墨描眉目，不复如宋人之精工矣。"这里所述"间用墨描眉目"说明了画绣结合，在那时就已是流行的艺术了。

由于宋代"画绣"的发展，对元、明、清的刺绣书画艺术产生了深远的影响。随着社会经济的进步、生活的安定，刺绣艺术有了平稳发展的机遇，这个时期无论是露香园精美绝伦的"画绣"，还是晚清崛起的湘绣，刺绣艺术都和中国绘画密不可分，正如《周礼·缋画注》所说，"凡绣，亦须画，乃刺之，故画绣二工，共其职也"。至清末，以江南苏绣为杰出代表的"四大名绣"的风格和艺术特色已然凸显，并各自形成流派。刺绣艺术家和传世佳作层出，清末刺绣艺术家沈寿及其作品，就是苏绣艺术蓬勃发展时期的翘楚。

图1 沈寿像

沈寿（图1），中国杰出的刺绣工艺美术教育家。七岁从姐学艺，刺绣作品入宫曾得到当时慈禧太后褒奖，并赐名"寿"字，成为并不多见的得到慈禧太后赐名的绣娘。但沈寿并不因此满足，1905年赴日考察美术教育，学习西洋绘画明暗技法。回国后，创办了皇家绣工学校，亲自出任总教习，并任南通女工传习所所长，成为"美术绣"、"仿真绣"的创始人。其作品多次在国外获奖，1915年获太平洋巴拿马万国博览会一等奖。沈寿临终，由中国晚清著名实业家张謇执笔，著有《雪宧绣谱》，系统地总结了绣备、绣引、针法、绣要、绣品、绣德、绣节、绣通等绣事，与《顾绣考》《女红传征略》等一样，是中国重要的刺绣理论论著。

故宫藏《柳燕图》（图2-1）是沈寿早期（28岁）作品，1949年以后入藏故宫博物院。作品纵98厘米，横35厘米。全幅构图疏密有致，清丽雅致，完全是中国传统绘画的结构和艺术风格。作者用刺绣方法，以针代笔追摹中国水墨画的艺术效果，设色简单古朴，虽仅用灰、青、红等单调颜色，但由于运丝讲究纹理，按柳树、柳叶、鸟羽的自然生长纹路进行，充分发挥

图2-1 《柳燕图》

图2-2 柳燕图（题跋）

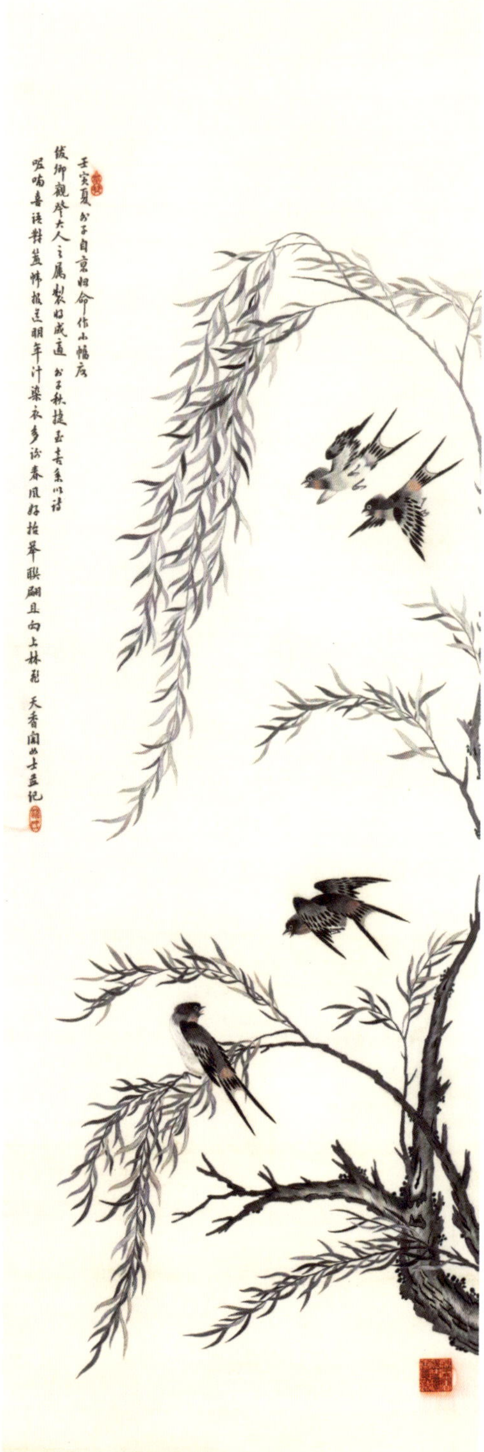

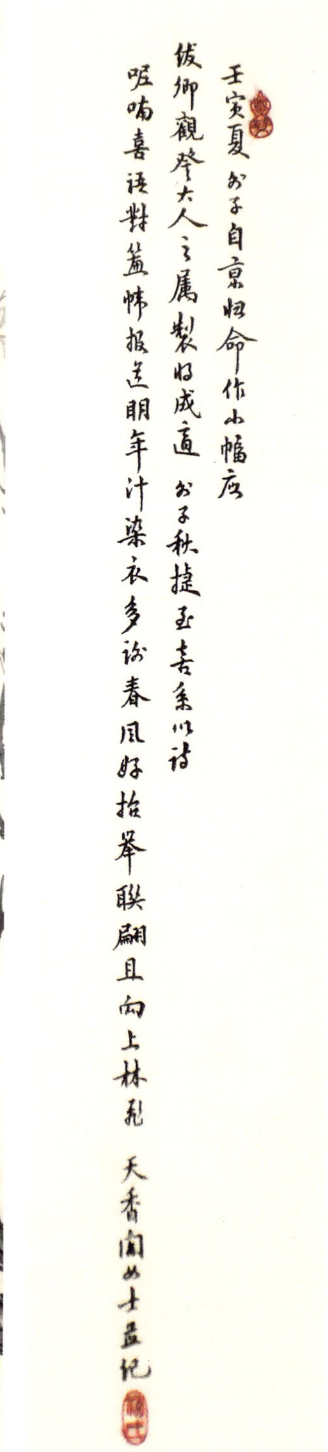

丝绒特有的光泽，将物象的质感表现得尤为真实，更有风雅别裁的意趣。

沈寿的刺绣针法是继承顾绣、苏绣等传统针法并发展而来的。此幅绣品除套针、擞和针、施毛针、斜缠针等，并无太繁复的针法，但其运针工柔细腻，行针走线并无针痕线迹。擘丝细过于发，熟练运用以丝代墨的技巧，表现水墨点染之间的意趣。笔者多次观察作品实物，从柳叶的阴阳向背、禽鸟的翅稍背羽等部分的施色，可见作者娴熟地掌握了中国绘画“墨分五色”的技法，并付诸运丝施彩的实践；从飞禽的姿势可知作者深谙如何运用针黹的表现力，诠释中国绘画对立体透视的解读。题跋的书法，作者并非简单地施“墨”于字，而是完全按照中国字先横后竖、先撇后捺的书写顺序笔画绣制，使字体有浮雕般的艺术效果（图2-2）。虽然此幅为沈寿早期作品，但作品已然达到既有丹青之妙，又夺翰墨之长的艺术效果。

纵观中国刺绣艺术史和传世的刺绣艺术佳作，我们可以得出的结论是：凡著名的刺绣艺术家和艺术佳作，都和中国绘画相辅相成，密不可分。只有具备了良好的绘画艺术基础，才可能在刺绣艺术中有较高的造诣。仅就明清以来，顾绣之韩希孟，不仅与其夫亦画亦绣，相得益彰，韩媛的绘画艺术功底也十分了得。据《顾绣考》记：“顾名世次孙寿潜善画，其师董其昌尝称赏之。其妇武陵韩希孟工画花卉……尝摹临宋元名迹，绣作方册……董宗伯见面心赏之，诘曰：‘技至此乎！’”笔者经多年观察故宫藏顾绣作品，其中韩媛作品不仅针黹妙趣横生，也多有笔墨渲染之处，说明作者深谙画绣一体之理，才有了如此辉煌的成就。再者，苏绣之沈寿，其夫余觉书画俱佳，早年，尝悉心帮助沈寿挑选刺绣用画稿，沈寿并不因此满足，希望为“当时中国绣板滞而难得画神，更加设色少学识”的状况寻求突破，盛年时期，远赴东瀛考察学习西洋素描、油画、摄影以及绘画明暗之理，并进行深度研究，在后来发明“仿真绣”、“美术绣”时，“循画理，师真形”，融会贯通中西画理论，使得作品有了早期作品中没有的明暗阴影和立体效果。以上两例，均说明了画绣同源，只有重视刺绣作者绘画基础的养成，才可使其刺绣技艺有较广阔的前途，使中国刺绣这朵艺术奇葩有更加美丽的明天。

神针绣缣幅　巧技如天制

——顾绣源流及其对苏绣的影响

顾绣是中国唯一以起源家族姓氏为名的绣种，可上溯到明代中晚期。清初，随着家族的没落，顾绣技艺流传到乡村，深刻地影响了同处江南的苏绣。几百年来，顾绣仍传承着绣画结合、细丝淡彩的特点，并影响着众多绣种技艺的发展。

中国之古绣，向以苏、湘、蜀、粤“四大名绣”著称于世，地方绣种也如“四大名绣”均以地域之名享誉传承，唯有明末清初上海露香园顾氏，以家族女眷之闺阁“画绣”名震海内，作品多为画幅、手卷、册页等观赏性陈设品，其独到的选题、典雅的风格、绣绘如生的技法、恬淡雅致的设色，对其他传统绣种影响深远，以至于到清代中期以后，沪苏之地往往将顾绣与苏绣混为一谈，使顾绣之名几乎成为江南闺阁丝绣工艺的统称。笔者试对露香园顾绣风格和技法以及对苏绣的影响作一管窥蠡测，浅谈一二。

一、顾绣源流

露香园顾氏，以明代嘉靖三十八年（1559年）进士顾名世起始著称。顾名世，字应夫，号龙泉，官至尚宝司丞。育子三人：长子箕英，号汇海；次子斗英，字仲韩，号振海；三子奎英为庶出。其中顾斗英育子二人：长子昉之，字彦初；次子寿潜，字旅仙，别号绣佛主人。顾名世在上海九亩地筑造家园，通浚园池时发现一石，上有“露香池”三字，据说是元代赵孟頫手篆。露香园即以此得名（图1）。

顾家从事绣艺之内眷，据《女红传征略》载，可考的有缪氏、韩希孟、张来妻顾氏、顾名世与顾廷评家婢、顾伯露之母等人。在顾氏兴旺的明嘉靖至崇祯年间，顾绣作为闺中精品与露香园的嘉桃、糟蔬一起，为座上宾客所赞扬，名震沪上。

顾绣出自露香园顾氏闺阁之中，据载，顾家内眷缪氏长于丝绣，巧夺天工，极有口碑。明姜绍书在《无声诗史》中记载，顾名世长子顾箕英之妾刺绣人物气韵生动，得其手制者无不珍惜。据传，顾箕英之妾为缪氏，故有“上

图1 露香园遗址照片（上海市实验小学）

海顾绣始于缪氏”之说。

使顾绣负盛名于天下的是绣画结合的“韩媛绣”。顾名世的次孙顾寿潜善画，师从董其昌，曾受赞赏。顾寿潜娶武林（在今杭州，古称虎林，一说为湖南武陵）韩氏希孟为妻，韩氏工画花卉，尤擅刺绣，其绣品均摹绣宋元院本名人书画之画稿，绣工殚精运巧，绣品风雅别裁，气韵极为生动，有呼之欲出的质感。背景及细微之处，着墨点染，绣画合璧，妙手天成，为世人所珍视，世称“韩媛绣”，成为露香园顾绣发展的里程碑，故宫所藏其作品多为顾绣巅峰之作，作品之精妙，至今无人超越。

顾绣之始，并非为牟利所作，只为闺阁女眷修身养性。随着明末清初顾氏家道中落和顾绣进入市场后的供不应求，顾绣渐成女眷们养家的技艺。顾名世曾孙女顾氏嫁与廪生张来，24岁寡居，她守节抚孤，初因家贫，生计所迫，便以针黹绣品养家。此后多年，张来妻顾氏传授顾绣技艺，直至七十而终，使顾绣名声大噪。一时间凡女红绣品必称顾绣，民间皆习，以为糊口之技。张来妻顾氏不仅将顾绣之技传播到民间，使之对其他绣种产生了巨大的影响，也将它从闺阁推向了市场。

缪氏、韩希孟、张来妻顾氏在顾绣发展的不同阶段，为顾绣发展作出杰出贡献。至清初，顾绣已逐渐传播到民间。清中期以后，顾绣工巧已大不如前，据记载，清乾隆时，已有男工所为，绣品也有了些生活实用品，如幔帐、卧具、服饰、帕袋等。但顾绣技艺的传播，对江南苏绣的发展进步产生了深刻的影响。

二、顾绣主要艺术特色

顾绣艺术的叹为观止，主要体现在绣画艺术上，与同时期粗犷豪放的北方鲁绣相比，江南闺阁中的顾绣以其柔美和谐的设色、追摹高古的构图、精妙细腻的针法见长，细丝淡彩的特色常使观赏者惊异不已，难辨是画是绣。精美的刺绣工艺不仅传达出中国传统绘画的意趣神韵，也通过丝质的自然光泽，充分展现了顾氏闺阁绣运针设色的魅力，其气韵传神，为世人称颂。

其一，顾氏绣画甄选稿本眼光极高，以韩希孟最为杰出。她追求绘画意境之古雅，颇受明代淞江地区“云间派”绘画风格的影响。顾寿潜在韩希孟《宋元名迹册》的题跋中说，韩希孟“搜访宋元名迹，摹临八种，一一绣成，汇作方册”。顾绣对稿本的要求之高，可见一斑。如顾绣《宋元名迹册》中的《洗马图》，即追摹赵孟頫（松雪道人）墨迹。韩媛顾绣之所以可以高标稿本，与其家族相对富裕的家境是分不开的，试想，如果顾绣发展之初就要靠针黹养家，是不会有如此高的艺术成就的。

其二，“擘丝细过于发，而针如毫”。繁复、灵活、多变的针法是顾绣的另一特点，顾绣讲究根据绘画稿本图案，按照植物、动物、人物自然生长的纹理、肌理、毛发运针，因画施绣，因物施针。针法繁复多变，常用的即有数十种。“细过于发”的擘丝技艺使得绣品晕色细腻精致、自然传神。但江南冬日的阴冷、暑天的湿热，常会影响到顾绣的擘丝和刺绣质量，因此，顾家闺阁绣事特别讲究天气的适宜和绣娘心境的舒朗。徐蔚南在《顾绣考》中记载顾家绣娘“寒铦暑溽，风冥雨晦，弗敢从事，往往天晴日霁，鸟悦花芬，摄取眼前灵活之气，刺入吴绫”，就是这一情形。这也从一个角度说明了顾绣之始并不是养家之技，而是闺阁中女眷为修养身心所做。

其三，顾绣的绣绘结合的技法，是其他传统绣种中所鲜见的。为了表现画稿的层次效果，顾绣往往施以彩墨，渲染背景，达到虚实之间主次分明的艺术效果。作品的绘、绣相互映衬，使绣像质感呈现得更为精彩。露香园中的绣画尤以韩希孟的作品最为精美极致，主要也因她有很好的绘画功底。绣绘结合精妙之处是其既有着水墨丹青的意境和渲染，又有笔墨无法比拟的丝质光泽和物象纹理的质感，层次分明，主题突出，达到了阴阳求光、潜显传神的艺术效果，魅力极为独特，堪与翰墨争光。

三、顾绣对清代苏绣的影响

苏绣是以苏州为中心的传统手工刺绣，历史悠远，可上溯到两千多年前的春秋战国时期。到明代时，苏绣的工艺技法已然形成了自己的风格，有比较成熟的生产销售体系，并以花色繁多的丝绒绣著称一方，主要产品是服装、椅褥桌围、围屏等生活实用品，随心所欲的民俗绣品较多，摹古绣画艺术作品鲜见。明代正德年间，时任户部尚书的王鏊在《姑苏志》中就有“精、细、雅、洁，称苏州绣”的评语。

时至清代，苏绣有了进一步的发展，但它的进步是与顾绣的广泛传播分不开的。顾氏到明末清初后，家道中落，女眷们以针黹为营生，或以授徒谋生计，作品不再仅仅是供文人墨客观赏的册页、画幅，更多地具有了商业价值，《女红传征略》记载：“（顾）廷评婢绣《停针图》，穷態极妍而擘丝了无痕迹，观者倾一邑，维扬大贾重币踵门，特请一见，以汉玉连环及周昉《美人图》易之。”这一方面说明了顾绣作品举世罕见的精美，另一方面，反映了在早期作为文人雅玩的顾绣，已经流向市场，成为有钱人的收藏，“维扬大贾重币踵门”生动地说明了顾绣受欢迎的情况。

《女红传征略》记，顾氏女眷张来妻顾氏“出家传针黹以营食”多年，“而其神化更妙于前顾绣之名，遂以大噪”。顾会海妾兰玉“设幔授徒，女弟子咸来就学，时人亦目之为顾绣”。顾绣的传播，使人们认识了顾绣，因其稀有难求，市场价格明显高于同时期的其他绣品，因此，习者、仿者众多。对于地处江南的苏绣来说，学习顾绣，比其他绣种不仅有地域上的优势，还有悠久的历史传统和已经较为成熟的技艺，借鉴顾绣成功的技艺，苏绣迅速成长，出现了不同于早期苏绣实用品的观赏性绣品。

刺绣针法是反映一个绣种品质是否杰出的重要方面，从针法上，我们可以看到，苏绣的针法名称是与顾绣相通的，而其他绣种针法的名称与顾绣（苏绣）是有差别的（表1）。

表1 针法名称对照表

	顾绣（苏绣）	湘绣	广绣	蜀绣
针法	齐针（又名缠针，有直缠、斜缠、横缠之分）		捆针	铺针
	戗针（正、反戗针）		咬针/叩针	参针/叩针
	擞和针	乱掺针	撒插针	梭针
	套针	齐掺		柘木针
	散套针	掺针、毛针		晕针
	施针	盖针		
	滚针	游针	扭针	斜滚针
	切针	点针	珠针	
	打籽针	打籽针	园子针	打籽
	接针	续针	续针	切针
	格锦		迭格针	编织针
	铺针		铺针	铺针

续表1

	顾绣（苏绣）	湘绣	广绣	蜀绣
针法	刻鳞针	刻针	珠针	
	编针		竹织针	
	平金（银）		平金（银）	平金（银）
	盘针		撕针	
	网针		网针	锦纹针
	穿珠		珠绣	
	乱针（大乱针、细乱针、虚实乱针）	乱针	乱针	乱针
	松针		风车针	撒针
	扎针	勒针	钩针	
	辫子股（锁绣）	辫绣		锁绣

笔者认为，这不仅仅是针法名称的问题，而是反映出顾绣和苏绣同是在江南这片土地上开出的艺术奇葩，在历史传承、刺绣技法、工艺上有着千丝万缕的联系，又具有各自的特色，这些影响表现在以下方面。

首先，江南“家家养蚕，户户织绣”的传统，使得刺绣成为普通农家重要的副业，明代时官营的织染局下设的绣作就把相当数量的产品分散给农村妇女生产。清代，苏绣已然发展成为行业，并有了专业分工：专营官货（包括观赏性绣画）、专营戏衣和专营生活实用品。绣庄将活计分发给周边农村家庭生产。这种生产格局成为顾绣得以传播的肥沃土壤，因为顾绣的市场价格远远高于其他绣种，要使苏绣生存，不仅绣庄需要高超的技术力量，农村的绣娘也需要技术，因此，清代顾氏家道中落后，女眷设帐收徒，营生养家，传播顾绣技法，正迎合了这种需要，使顾氏刺绣技法很快得到普及。同时也是顾氏很好的谋生途径。但是，也正因如此，清中期以后，以顾绣为名的仿者、伪者将真正的顾绣送上末路。

其次，苏绣作为以地域特产存在的绣品，并没有像顾绣一样的家族式的从高标选题、精致的刺绣工艺，到绣绘结合的成品这样一套完整的创作过程。也没有顾氏家族的文化底蕴、艺术修养和经济实力。绣庄和绣娘要生存，就要提高作品的品位，而顾绣则有独特的技艺和“维扬大贾重币踵门，特请一见，以汉玉连环及周昉《美人图》易之”的声誉和市场，因此，学习顾绣技法成为苏绣绣娘们的谋生手段。但是，绣庄或一家一户的苏绣稿本一般出于民间画匠之手，多为民间流传的吉祥祝福题材，因此，清代苏绣虽有较好的观赏性作品出现，却没有与顾绣类似的以历史名人名迹为稿本的艺术性较强的作品问世。

第三，据清代《上海县志》记载：“苏绣之巧，写生如画，他处所无。小民亦习以糊口……其法擘丝为之，针细如毫发。”这与《顾绣考》所记如出一辙：“露香园顾绣，据传称得之内院，其擘丝细过于发，而针如毫，配色则亦有秘传，故能点染成文，不特翎毛花卉，巧夺天工，而山水人物无不逼肖活现。……故世备称顾绣之巧，谓为写生如画，他处所无，名之曰画绣，而许为女中神针也。”可见顾绣技法对清代苏绣的影响是较大的。但是，清代苏绣技法毕竟是“小民亦习以糊口”之技，并不强调“运针如笔、运丝如墨”的绘画效果，针法运用显然不如顾绣丰富，一些观赏性作品虽达到形似，却难以神似，这反映了绣庄和农村绣娘文化底蕴、经济实力的局限性。

顾绣的传播在一定程度上提高了苏绣的品位，使得清代苏绣得以迅速发展，出现了除生活实用品外的有艺术价值的观赏性作品，但是经济实力的限制使绣庄和绣娘无力购买价格高昂的画稿，生活的压力也使之无心追求“天晴日霁，鸟悦花芬”的刺绣环境，这些局限性决定了苏绣发展所受到的束缚。

四、顾绣、苏绣名品探微

现存顾绣早期作品不多，最为著名的是韩希孟绣《宋元名迹册》《七襄楼发绣人物》《八骏图》等，为国内几家博物馆珍藏。而故宫博物院藏顾绣珍品无论数量还是品质，均为举世罕见，除《宋元名迹册》等作品外，仍有诸多顾绣精品为业内人士熟知并瞩目，但鲜见面世，试举几例做一探微。

（一）顾绣宗教画

各类佛像在顾绣中所占比例很大，包括卷轴、册页。故宫院藏珍品除顾绣《五十三参图》等册页以彩绣技法绣绘尊者形象外，还有仿中国画的白描技法的墨色绣、发绣等。

顾绣《十六应真册》（图2）就是仅用墨色丝线绣制的。作品画稿运笔遒劲，线条流畅。绣制时，施针仿用中国画白描技法，以单线施滚针勾描应真及物象轮廓，淡墨晕染，笔墨简练而出神入化，颇具明代画家吴彬、丁云鹏的人物画风格。应真的造型夸张变换，多为西域僧人形象，饶有装饰意趣。作品配色仅用墨色，古朴典雅，山石树木以丹青皴染，绣画

图2 顾绣《十六应真册》之一

合璧，风雅别裁。

这件作品为了刻意追摹原画稿神韵，针对所绣物象轮廓的不同需要，在滚针的基础上，分别施以接针、松针、钉针、刻鳞针、鸡毛针等，穷其巧变，以传达原作意趣。比如：应真尊者流畅的衣纹、生动祥和的面容，不仅表达了原作的神韵，也体现出作者绣作时怀着虔诚礼佛的心态，将顾绣擘丝细过毛发、运针灵活巧变的高超技艺悉数展现给观众。

（二）顾绣情景画

清代早期，统治者出于巩固和维护政权的需要，十分强调继承满族“马上得天下”的传统，并将其作为立国之本，不仅在典章制度、冠服制度中有严格的规定加以约束，教育子孙后世，艺术作品中也常将这一思想体现出来。康熙时期顾绣《猎鹰图》《围猎图》就是这一时期的代表作。其中顾绣《围猎图》（图3）是采用绣画结合的手法将游牧民族冬季围猎生活图景展现得栩栩如生。一方面，作者采用笔墨描绘背景，突出所绣物象逼真的质感。全幅背景的山峦，追摹文人画笔墨的意趣。另一方面，表现出围猎活动的宏大场景和画面动态的层次感，使所绣人物、动物更为生动，画面人物服饰，均为便于骑射、束腰窄袖的行服。不仅从细节上表现了清代早期服饰的特点，也通过作品迎合了清朝统治者对本民族服饰严格整肃的态度。

从刺绣艺术的角度看，作品运丝讲究物象纹理的疏密逆顺。所绣马匹肌理、狼毛、鹿斑、鸟羽、人物衣纹等，都是通过擞和针、套针等复杂的针法变化来排列丝线走向，加上丝质特有的柔润光泽，逼真地表现出画面物象的质感和十足的动感，使围猎活动中人物、动物奔跑跳跃的场景立体地表现出来，这与早期顾绣着重追摹文人画安闲静雅的风格显然不同，作品通过展现顾绣独特的技艺，与时俱进地将主题表现得淋漓尽致，达到针黹与翰墨同辉的艺术境界。

图3 顾绣《围猎图》

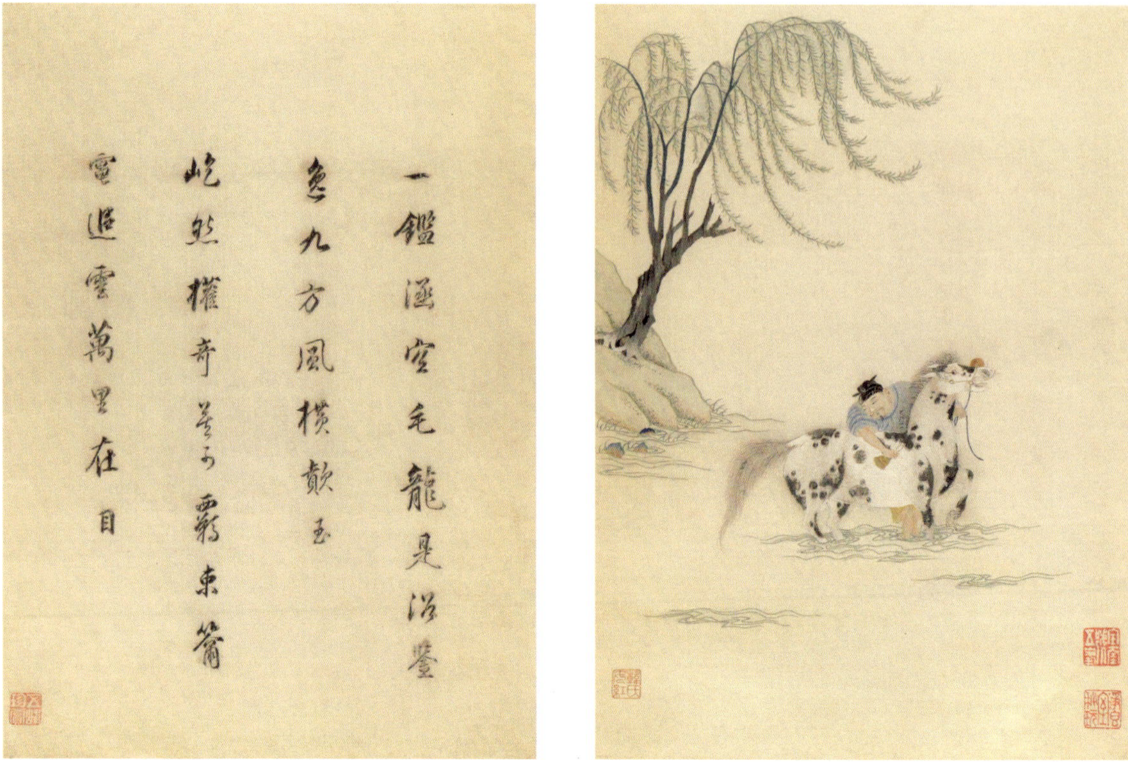

图4-1 顾绣《宋元名迹册》之《洗马图》

（三）顾绣花鸟画

花鸟绣画是顾绣最独到的特色绣品之一，其中顾绣《宋元名迹册》是其集大成者，除花鸟外，也有山水、动物。除此之外，从顾绣创始之初到清中期都有花鸟绣绘的杰出作品，顾绣《一鹭芙蓉图》《花鸟草虫图册》就是清康熙时期作品和清中期的代表作品。

《宋元名迹册》（图4-1～图4-8）为八开册页，画稿临摹八幅宋元名迹，以白色素绫为地，用四十余种深浅不同的丝绒线及扁金等绣作而成，针细于毫，丝甚于发，针法丰富而多变。灵活运用擞和针、齐针、滚针、套针、平金、编针、接针、松针、施针等针法，使作品既有笔墨意趣，又有高于丹青的质感和立体感。

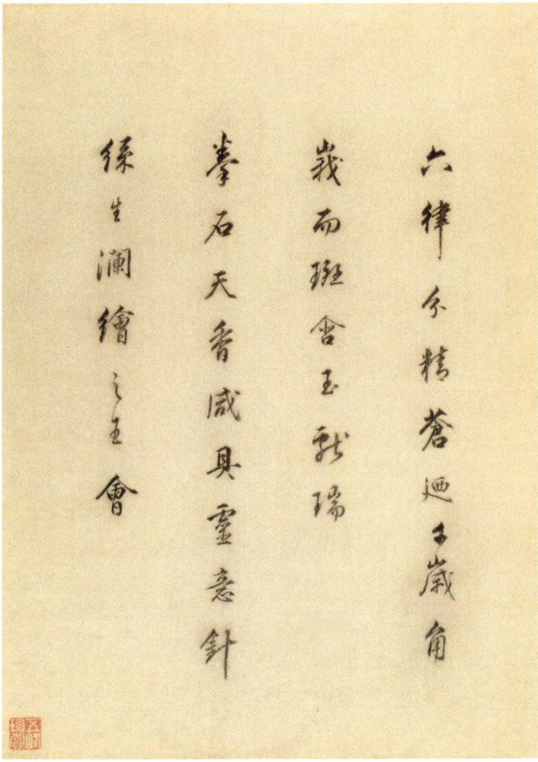

图4-2 顾绣《宋元名迹册》之《百鹿图》

《洗马图》画稿出自元代著名画家赵孟頫。作品绣绘驭者洗马的情形，因画施彩，因材施针。巧妙运用十余种擘制细过于发的彩色丝线、金线，灵活变换套针、滚针、齐针、接针和平金等针法，既传神地表现出原作中骏马无所羁缚的风采和驭者对马的喜爱，又通过针黹表现动物、人物肌体纹理、皮毛，使之具有丹青不能比拟的丝质光泽和精妙质感，细腻逼真，生动传神。

《百鹿图》绣绘梅花鹿湖边回眸的宁静神态。用集套针绣鹿身，皮毛细密，纹理清晰，宛如于咫尺所见。辅以山石景物绣绘，画面静谧高雅，传神地表达了作者对自然、和谐生活的向往。

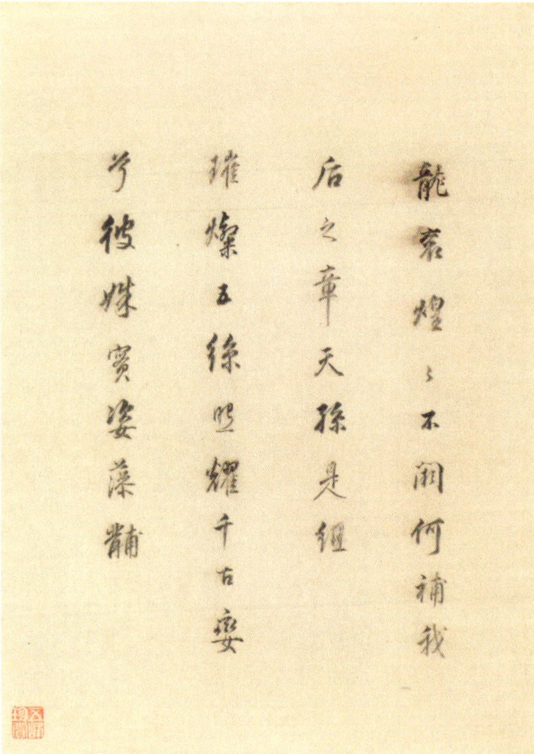

图4-3 顾绣《宋元名迹册》之《补衮图》

《补衮图》绣绘一位端坐的秀丽仕女在神态专注地绣衣。作品将女子头戴的金簪钗，华美的衣衫、长裙、霞帔的多种色彩用精细针法表现出来，衣纹裙裾的皱褶用戗针表现，通过丝线的深浅变换，突出其线条流畅的质感和飘逸自然的立体感。女子头发着细笔描绘，是顾绣绣画合璧的独特技法。

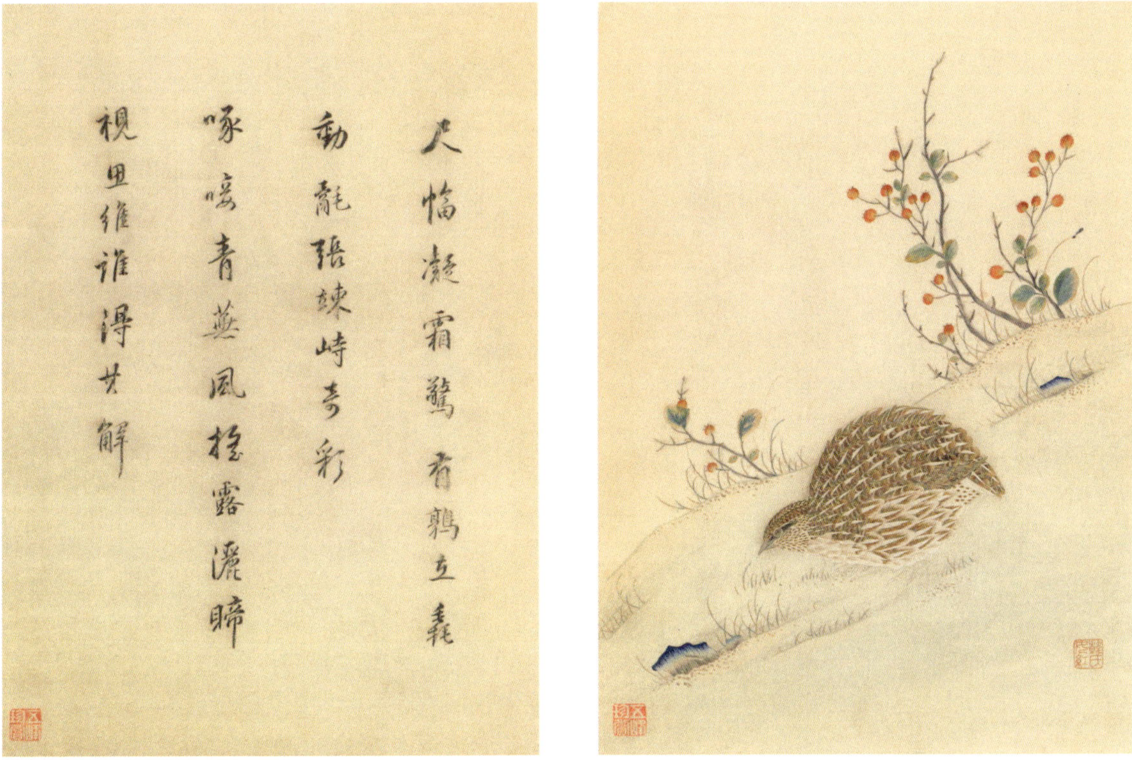

图4–4 顾绣《宋元名迹册》之《鹑鸟图》

《鹑鸟图》中鹌鹑的羽毛不同于皮毛，巧用施针，细密绣制，在运用施针的同时，适当延长羽毛边缘褐色线条，使羽毛更具立体效果。而羽毛的中部，用浅驼色丝线晕色，真实、立体地将背部硬毛、颌下和腹部软毛表现出来，仿佛是用羽毛黏制而成。质感逼真，神形兼备，使鹑鸟形象栩栩如生。鹑鸟后侧的绿叶和红果，给画面增加了些许生机，意趣盎然。

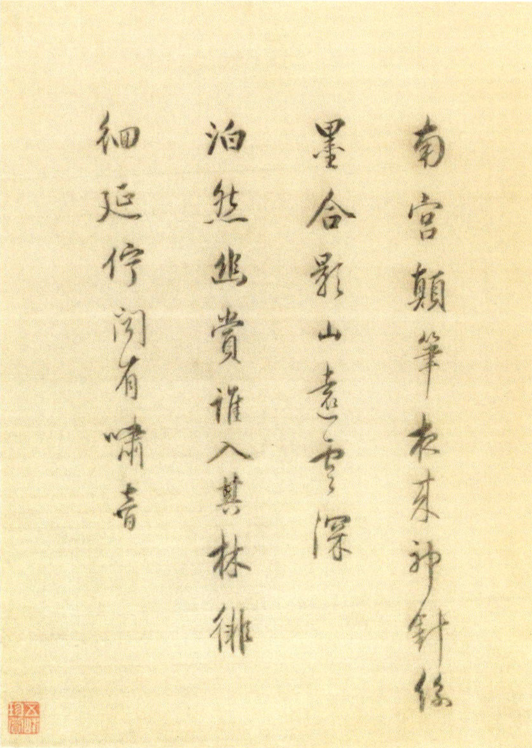

图4-5 顾绣《宋元名迹册》之《米画山水图》

《米画山水图》稿本是宋代画家米芾和米友仁父子之画。描绘江南自然山川的俊秀和雨雾中的朦胧缥缈。作品追摹米画意趣，不以工巧夺人，仅用简洁的套针、齐针等针法绣绘山川帆影，用笔墨渲染着色，传达原作神韵，绣绘合璧，相得益彰，使作品达到形神兼备、别具一格的艺术境界。

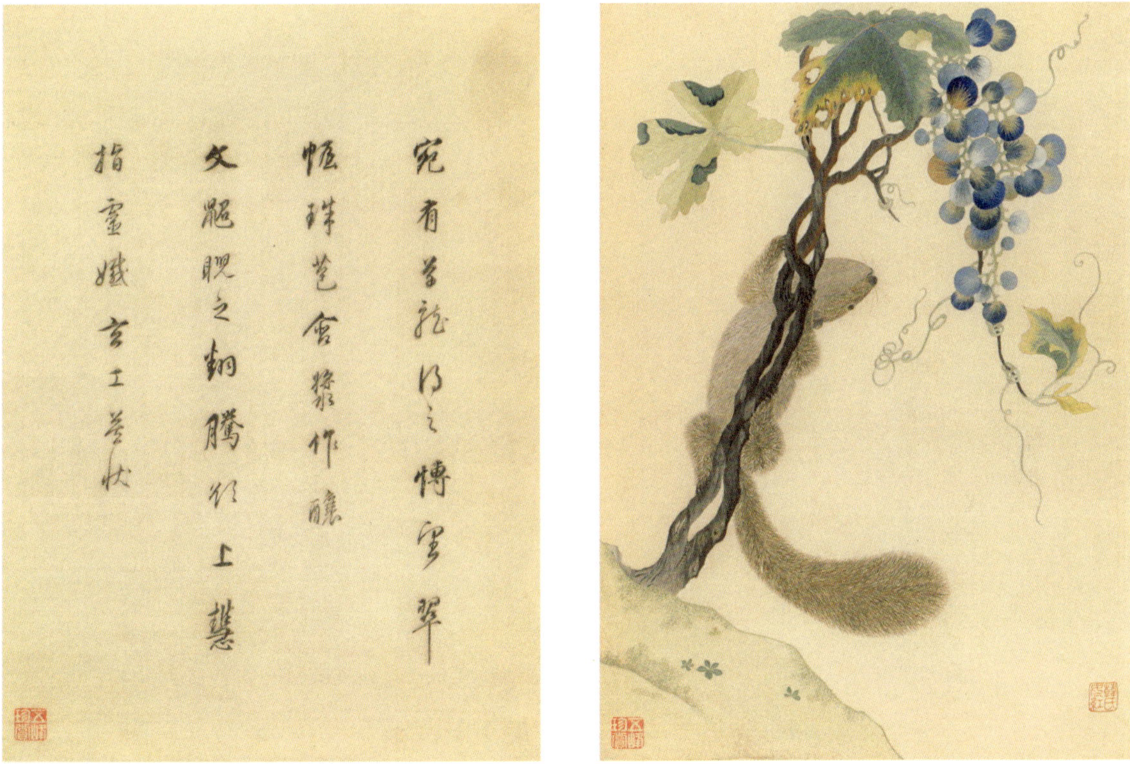

图4–6 顾绣《宋元名迹册》之《葡萄松鼠图》

《葡萄松鼠图》并不描绘松鼠的正面或俯瞰，而是运用集套针，通过精细的针法绣制腹、尾的茸茸皮毛，表现松鼠活泼顽皮的动态。针脚细密，丝丝若皮毛锋毫，丝理走向自然逼真，增一针则多，减一针则少，松鼠的动态神形兼备地跃然缣幅。葡萄用色以蓝、淡蓝、白为主，表现葡萄成熟的不同程度和秋晨果实上的薄霜。细节的独到，反映了作者对生活的敏锐观察力和精湛的艺术造诣。

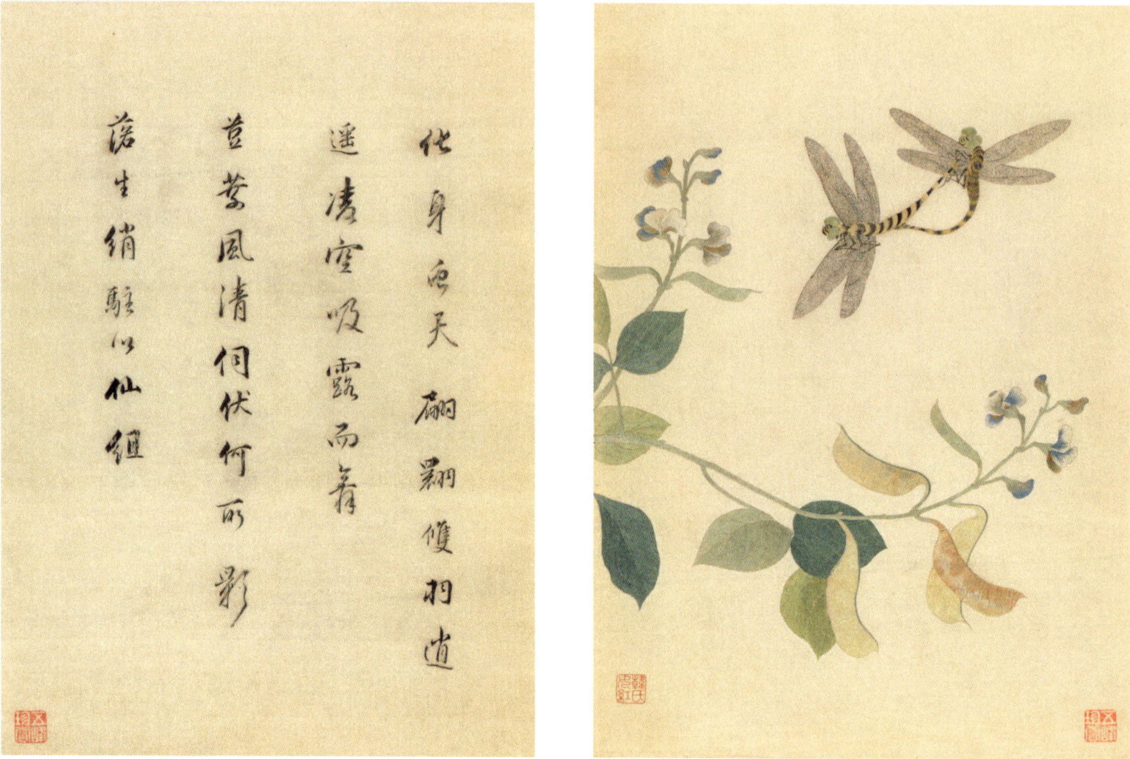

图4-7 顾绣《宋元名迹册》之《扁豆蜻蜓图》

《扁豆蜻蜓图》中蜻蜓的翅膀施以冰纹针，用丝细若蚊睫，有如纱如雾的透明质感，惟妙惟肖。扁豆枝蔓自然伸展，豆荚用滚针勾边表现筋络。豆粒部分微微垫高，使豆粒有鼓隆出平面的立体感。用散套、平套、戗针绣制花、叶，晕色自然和谐。技法之妙令人疑为天制。

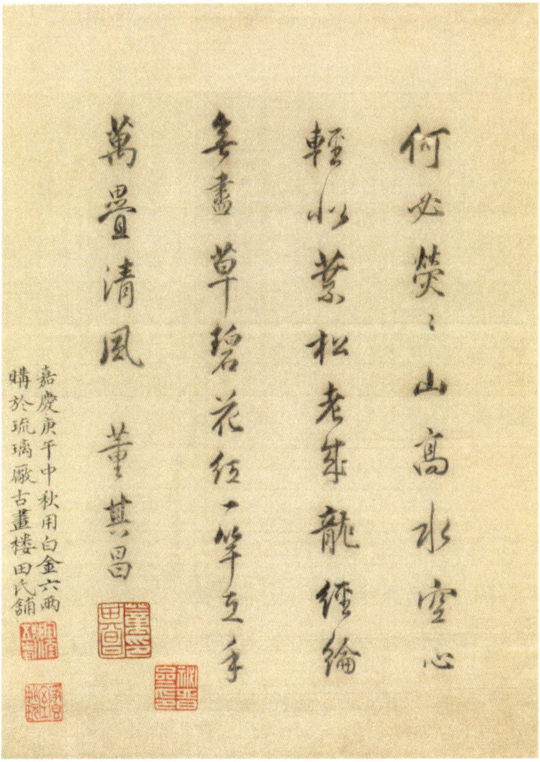

《花溪渔隐图》追摹“元四家”之一王蒙的画稿绣制。青碧山水中渔翁独钓寒江，画风空灵清旷、清新雅丽。于淡彩中求雅致，重在“摄情”，传达出作者追求高雅闲适生活的精神意境。作者变换擞和针、戗针、齐针、松针、编针等针法，将树、石、船表现得生动逼真。坡地以淡彩渲染，亦真亦幻，绣画结合，深得王蒙山水画神韵。

图4-8 顾绣《宋元名迹册》之《花溪渔隐图》

《宋元名迹册》每幅均有朱红“韩氏女红”绣印及“五峰珍赏”朱印，并钤有“净香室秘玩”、“宝奎号五峰”、“秘晋斋印”，末开有“韩氏希孟”款，对页有董其昌题赞，册尾有顾寿潜作跋。徐蔚南《顾绣考》、朱启钤《丝绣笔记》有著录。

《一鹭芙蓉图》（图5）稿本具有清代院体花鸟画风格，融合了传统工笔重彩画技法和清代画家恽寿平设色没骨画法。画风空灵清旷、清新雅丽，于绚丽中求平淡，重在“摄情”。作品以其独特的绣绘结合的技法，追摹画稿神韵。用中国绘画技法中小青绿的笔法晕染山石为背景，以精妙的针法绣出芙蓉、鹭鸶和小鸟——用施毛针表现鸟羽，套针绣花卉，戗针绣花叶，打籽针绣花芯，滚针绣水纹等，工丽细腻，极具刺绣工艺的仿真效果。画面构图疏朗，配色明快雅致，表现了作者追求理想化的审美境界。

顾绣《花鸟草虫图》册（图6-1~图6-6）为清中期作品，是花鸟草虫图与仿董其昌诗跋合璧的作品，共六帧，分别为：《海棠蚱蜢》《杏林春燕》《石竹蜻蜓》《丽春蝴蝶》《桃花黄鹂》《梅花翠鸟》。此件作品的特点是不仅巧用了顾绣常见针法，如：套针、斜缠针、抢针、平针绣制花草，还运用独特针法绣制草虫细部，如：冰纹针绣蜻蜓翅膀，如纱如雾，惟妙惟肖。绣蚱蜢、蝴蝶之须则用极细的丝线和毫毛般的小针，施以滚针，轻细且有动感，可谓针神技绝。用施毛针绣鸟羽，丝缕走向逼真精妙，仿佛飞鸟入画。绣蝶翅，仿佛翅粉尤存。针法穷其巧变，细薄工整。作品擘丝纤细，针法繁复，晕色精妙，气韵传神，无怪董其昌叹曰：“生气迥动，五色灿烂，有过于黄筌父子之写生。”

（四）顾绣文人画

《渔樵耕读图》轴（图7）、《竹林七贤图》、《觅药图》从意境到风格都具有传统文人画的情趣，表现了乾隆时期文人追求宁静安闲、典雅风流、自得其乐的精神生活。其中顾绣《渔樵耕读图》轴远山近坡均以笔墨描绘点染。人物、木桥、茅屋、树木等则以针代笔，色丝为墨，精细绣制。针法除平针、套针、滚针、正戗针等常用针法外，草鞋、渔篓用网针绣制，逼真写实，茅屋窗棂、房顶用编针绣制，立体感强，芦苇、小草用斜缠针绣制，自然流畅。人物衣纹除用滚针勾勒外，还用笔墨渲染，使之富有飘逸的动感。细微之处无不精妙，物象表现准确真实，人物举止自然，神态安逸生动，传达出作者刻意追求原作意境、向往高雅闲适生活的心态。

（五）苏绣花鸟画

刺绣《迎薰繁实图》轴（图8）描绘了花香

图5 顾绣《一鹭芙蓉图》

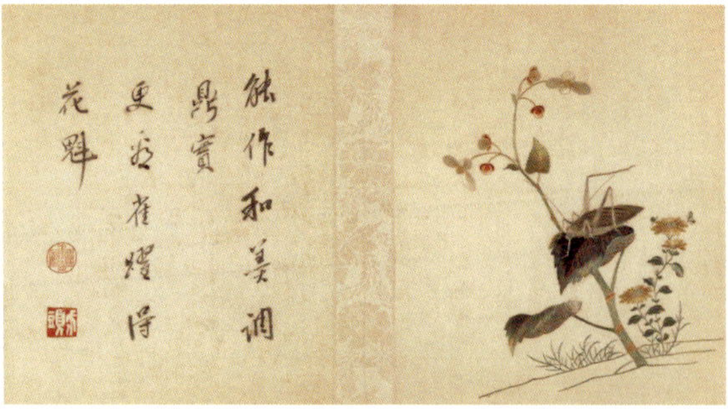

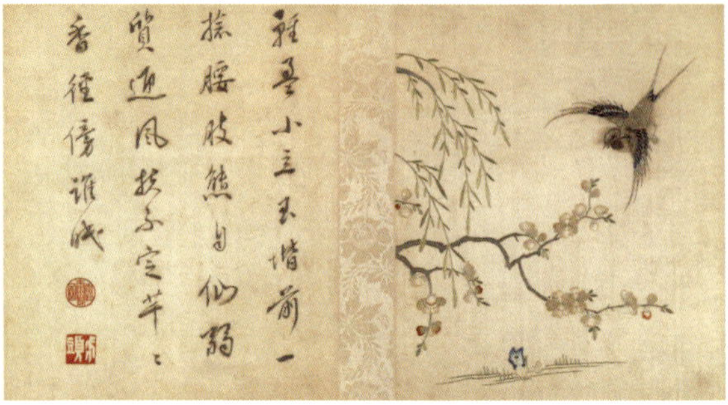

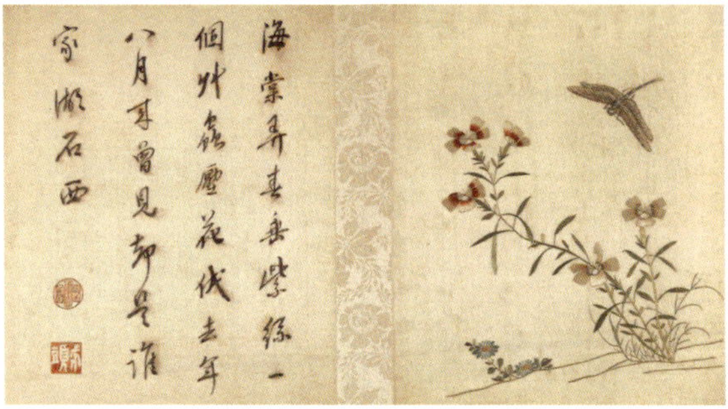

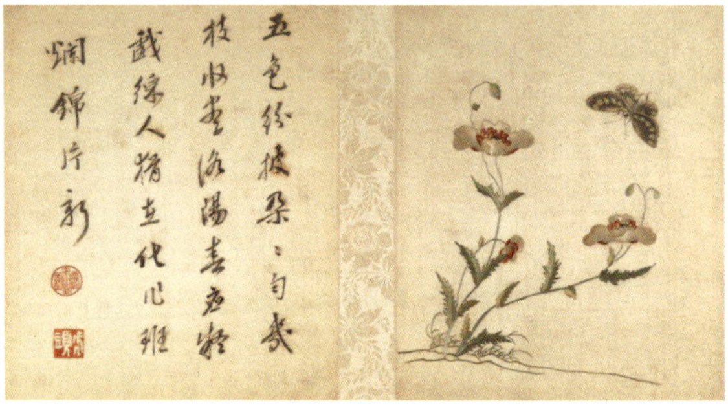

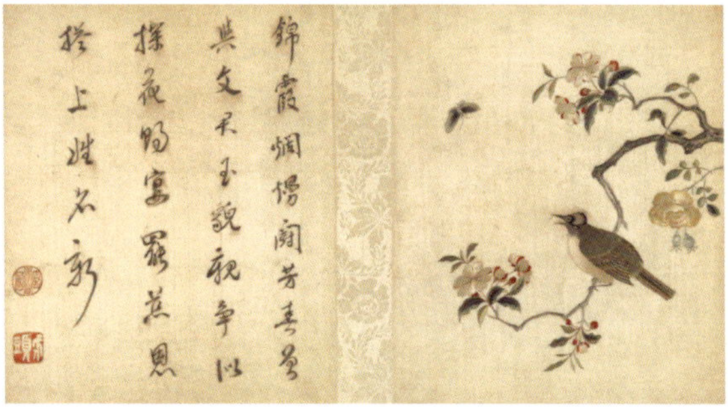

图6–1 《海棠蚱蜢》
图6–2 《杏林春燕》
图6–3 《石竹蜻蜓》
图6–4 《丽春蝴蝶》
图6–5 《桃花黄鹂》
图6–6 《梅花翠鸟》

6–1	6–2
6–3	6–4
6–5	6–6

鸟语、硕果繁实的祥和图景。作为宫廷壁饰，这类花鸟画的寓意多为祝福吉祥、多子多福，构图繁华饱满，有“铺殿花”的风格。作品绣工多采用苏绣针法，如：山石用擞和针晕色；石榴树、花卉用平针、套针，水路清晰，立体感强；花叶、兰草、小鸟则用平针、缠针、打籽针、施毛针、擞和针等。针法因物象需要而变化，运针精妙灵巧，运丝力求写实，使作品既表现出中国画的意境和神韵，又与纯粹用笔墨描绘对象的绘画迥然相异，风雅别裁，堪与翰墨媲美。

图7 顾绣《渔樵耕读图》

图8 苏绣《迎薰繁实图》

7 | 8

清康熙刺绣《花鸟图屏》（图9-1~图9-6），为六幅条屏组成，以装饰性花鸟画为主题，突出其吉祥寓意，可各自独立成轴，分别为：《牡丹雉鸡图》轴、《松鹤延年图》轴、《梅花绶带图》轴、《杏林春燕图》轴、《芙蓉翠鸟图》轴、《莲花鸳鸯图》轴。

稿本作者在绘画技法上追摹黄筌的勾勒法以及陆治的工笔勾勒与设色没骨相结合的风格，笔法细腻工整，严谨写实，设色鲜丽与轻淡相兼，

图9-1 《牡丹雉鸡图》

图9-2 《松鹤延年图》

图9-3 《梅花绶带图》

9-1 | 9-2 | 9-3

既有华美富丽的牡丹雉鸡，也有清丽雅致的杏林春燕，表现出文人画质朴脱俗的意趣和画风。但与同样题材的顾绣作品相比，不难看出，此幅构图稍显饱满，装饰性较强，形似可叹，神似不足。

在刺绣技法上，作者继承了露香园顾绣针法工整和画绣结合的装饰方法，以米色素绫为地，花朵、树木以平针、套针、戗针为主，花心、鸟

图9-4 《杏林春燕图》
图9-5 《芙蓉翠鸟图》
图9-6 《莲花鸳鸯图》

9-4 | 9-5 | 9-6

羽等细微之处施以松针、拉尾子针、扎针、刻鳞针、施毛针、鸡毛针、打籽针、滚针、缠针、钉线、擞和针等繁复针法，运针灵活多变，丝理追求神似。山石坡坨用笔渲染敷彩，使之层次丰富，色泽柔和，丝光与彩墨相映成趣，既表现出物象光洁丰满的质感，也生动传达出中国画的意境和神韵。

（六）苏绣人物画

清乾隆时期，部分贡职于宫廷的西方画家的画风影响到传统的宫廷绘画。受其影响，传统绘画开始参照西法绘画，讲究按透视和解剖原理作画，在传统工笔重彩或淡彩与西方古典写实主义的结合上做了一些尝试。刺绣《天女图》轴（图10-1、图10-2）就是这类作品之一。作品以本色素绫为地，绣工笔淡彩天女像。人物比例写实，用色讲究明暗、远近，颇具西法人物画的特点。刺绣采用传统苏绣针法中的套针绣面部及衣服，衣纹并不用滚针勾勒，而是留出水路来显示衣纹。在套针铺绒的衣物上用切针绣花纹，面部眉目用肉入针法刺绣，精美别致，针脚细密均匀，又仿佛广绣中锦上添花针法，具有西画的写真和不同于翰墨的丰满质感。其他如腰带、飘带、花篮等采用缠针、平针、网针、擞和针等针法，穷其巧变，力求写实。配色精妙淡雅，表现了天女飘然逸仙的神态，轻柔迤俪的衣纹也突破了中国绘画的平面效果，人物有呼之欲出的动感。与同样题材的顾绣《宋元名迹册》之《补衮图》（图4-3）相比，有异曲同工之妙。

清嘉庆蓝缎绣《玉堂妇婴图》横轴（图11）描绘的是清中期以后贵族生活图景。图中有手持烟袋、旗装天足的满族贵妇、两个嬉戏的童子，以及尖足、着上衣下裳的汉族妇女，人物表情喜庆祥和，玉兰和牡丹花意喻兰堂富贵，画面洋溢着浓郁的生活气息。所用深蓝色缎地和原画稿的艺术风格，具有清代中期以后宫廷绘画的特点。绣工的精致是此图的另一特点。人物服装采用滚针，勾勒出飘逸的衣纹，然后用色丝和套针技法"晕染"衣服颜色，衣服上的图案则采用平金、打籽、切针、斜缠针、铺绒针、网针、刻鳞针、缉线绣、钉线绣等多种针法，交错变换，绣出精美细致的纹饰，其立体感几可乱真，非笔墨所能及，作者不但展现了非凡的苏绣艺术，还表现了对平安祥和生活的向往。顾绣没有这类迎合宫廷生活题材的作品，此幅表现出顾绣与苏绣在选用题材方面的着眼点的差异以及后者的局限性。

顾绣作为中国传统刺绣艺术的翘楚，其高超的技艺和艺术价值是毋庸

图10-1 苏绣《天女图》

图10-2 苏绣《天女图》（局部）

图11 苏绣《玉堂妇婴图》

10-1 | 10-2

11

置疑的，其对苏、湘、蜀、粤四大名绣，尤其是苏绣的影响也是巨大的。传承和保护顾绣艺术，让世界认识顾绣艺术，是我们作为博物馆人的神圣职责。笔者希望得到各位读者的指教，共同为此做出贡献。

重華宮鑑藏寶
子蕃製

男儿缂寒鹊　千年技艺传

——缂丝《梅花寒鹊图》轴与中国工艺美术大师王金山

故宫博物院珍藏的南宋沈子蕃缂丝《梅花寒鹊图》，是举世罕见的国宝。早在20世纪60年代初期，故宫博物院就秉持研究、保护和展出相结合的工作理念，与苏州工艺美术研究所合作，请王金山先生复制了缂丝《梅花寒鹊图》轴。此幅作品由于完全按照宋代作品摹缂，工艺细腻考究，至今无人超越。

缂丝《梅花寒鹊图》轴（图1-1）是南宋著名缂丝艺人沈子蕃存世不多的作品之一，作品纵104厘米，横36厘米，为清宫旧藏缂丝作品，现藏故宫博物院。

缂丝《梅花寒鹊图》轴是中国古代绘画艺术与丝织工艺完美结合的作品之一。虽画稿佚名，但可以看出作者承袭黄荃、边文进那种格调富丽高雅的宋代院体画风，用工笔描绘的梅花、寒鹊骨肉兼备，寒鹊丰满而玲珑俊美，水墨渲染古树干，不露笔迹而妙于赋色，使老树尤显苍劲古朴。

沈子蕃缂丝技法娴熟巧妙，缂法多变，用丝极细，用色柔和雅致。此图缂织技法繁复，运用平缂、搭梭、长短戗、环缂、惯缂、双子母经、绕、勾边线等缂法。以白、灰、皂、土褐、棕、蓝、月白、绿等十五六种色丝装的舟型小梭代笔，巧妙搭配，和谐晕色，表现了原作工笔花鸟的细腻、精美（图1-2），也展现了水墨挥洒渲染的老树古朴之美（图1-3），生动体现了画稿构图疏朗有致、画面清丽典雅的意趣，可谓巧夺天工。是南宋时期观赏性缂丝工艺品的杰出代表作之一。作品下方缂有“子蕃制”、“沈氏”方印，玉池有清乾隆御笔“乐意生香”，钤有“乾隆宸翰”、“乾隆御笔之宝”、“石渠定鉴”、“宝笈重编”、“石渠宝笈”、“乾隆鉴赏”、“嘉庆御览之宝”、“果亲王府图书记”、“宜子孙”、“子孙世保”、“蕉林梁氏书画之印”、“养心殿鉴藏宝”等印记，可见这幅作品在皇室藏书画作品中非同一般的重要位置。

缂织作者沈子蕃是南宋著名缂丝艺人，生卒年不详，大约与缂丝巨匠朱克柔同时代，是宋代缂丝工艺的重要代表人物之一。沈子蕃的缂丝作品以名人书画为粉本，风格高古，形神生动，缂丝技法娴熟灵活，工丽典雅，针对不同的景物采用不同的技法，图案界划清晰，线条勾勒有力，设色或沉稳古朴，或明丽天成。所缂物象生动传神，令人叹为观止。《石渠宝笈》续编著录的沈子蕃作品有《花鸟图》《梅花寒雀图》《山水图》《秋山诗意图》等。紫禁城内养心殿藏有其《花鸟图》，重华宫藏有《梅花寒雀图》等，均为其传世佳作。

缂丝是中国传统丝织工艺技法。其起源不晚于7世纪，流行于隋唐，繁盛于宋代。别名有“刻丝”、“刻丝作”、“克丝”、“刻色”等。是以生丝为经线、熟丝为纬线，以小梭、拨子等工具，采用戗缂、环缂、长短戗等技法，将多种彩色纬丝按图稿用色要求与经线交织。花纹与素地、色与色变化之间，因回纬呈现小空隙或断痕，形成“通经断纬”之效果，即所谓“承空观之呈雕镂之象”。作为实用品的缂丝，多见于明清两代帝后服饰、铺垫等。而作为书画艺术作品的缂丝，在宋代就已进入繁荣时期，以沈子蕃、朱克柔为代表的缂丝艺人，多以追摹名人书画佳作为上品。缂作时以梭代笔，挥洒点染，既能传达原作之神韵，又能表现出胜于绘画的质感。这个时代缂丝艺人创造的技法，有一些为后人传承沿袭至今。由于缂丝工艺繁复，一件作品之成功，所用人力、物力，无论古今均非普通百姓可以承受，故有“一寸缂丝一寸金”之说。

早在20世纪60年代初期，故宫博物院就已经致力于研究、保护和展出相结合的工作，曾经与苏州工艺美术研究所合作，请王金山先生复制了《梅花寒鹊图》轴，此幅作品由于完全按照宋代作品摹缂，工艺细腻考究，至今无人超越。

王金山先生是第二届中国工艺美术大师，师从沈金水学习缂丝技艺，建国初年进苏州刺绣研究所从事缂丝技艺的研究工作。1963年，正值艺术水平上升时期的王金山先生到故宫博物院专事复制《梅花寒鹊图》轴等国家一级文物，复制作品完全承袭宋代传统的缂丝技法，从用丝的直径、染色的逼真，到每一梭缂法的讲究，完全以原作为摹本，亲力亲为，历时三年，将沈氏作品从画面笔墨神韵到缂织技法精髓，摹缂得栩栩如生，达到了古朴典雅、形神兼备的艺术高度。

而今，当年的复制品也已在故宫保存了逾半个世纪之久，见证了故宫半个世纪的变化。虽然目前的库房和修复条件都好于20世纪60年代初，但随着岁月的流逝，老一代缂丝大师和艺人的精力、眼力、体力都不再支持他们承担新的复制任务，新一代缂丝技艺传承人的缂织技术尚有不尽如人意之处，再如当年那样历时三年复制精品，不可谓不难。这也令人感叹：当年在国家经

图1-1 缂丝《梅花寒鹊图》

图1-2 缂丝《梅花寒鹊图》（局部）

图1-3 缂丝《梅花寒鹊图》（局部）

济并不富裕的情况下，故宫博物院克服了诸多困难，有复制多幅国宝的魄力，使得今天国宝和它的复制品保存完好，让更多的人能通过它了解我国悠久的纺织史和精妙绝伦的缂丝艺术，完成了一项史无前例、功德无量的工作。

后　记

故宫院藏清宫织绣文物总计17万余件，包括清代皇帝及其家眷穿的、戴的、铺的、盖的，等等。从典制详细规定的礼服、吉服，到日常用的荷包、手帕，细分小项应该有几十种。由于历史的原因和旧时对织绣文物认知的局限性，织绣文物南去台湾的并不多，几乎是全部保留在故宫博物院。据笔者了解，在全世界几乎没有能完整收藏一个朝代的宫廷服饰的博物馆，故宫博物院是唯一一座可以以此称雄的博物馆。

在故宫院藏的织绣文物中，以清代宫廷服饰体系最为完整。从皇太极到溥仪，所有清帝服饰，序列完整。《大清会典》厘定的礼服、吉服、常服、戎服、行服、便服，形制完整。各种服饰中长、短、里、外，款式完整。四季所需皮、绵、夹、单，品种完整。材料所用绫、罗、绸、缎、纱、锦、缂丝、绵、各种皮草等，质地完整。其他文物诸如衣料、材料、法衣、唐卡、织绣画、铺垫、帷幔、被褥、冠杂、靴、鞋、袜、典章首饰、民族织绣、各式帽子、各式绦边、各式补子、各式扣子、各式活计、各式衣样，等等，每项均内涵丰富，渊源深远，工艺精湛，可做单独立项研究。其史料价值、工艺价值均不可小觑，不仅具体体现了清代政治制度和等级制度的壁垒森严和整肃严苛，也代表着清代织绣行业的先进水平。

本书是笔者在故宫供职近30年的所见、所学、所思、所考，因管理制度所限，并没有涵盖织绣文物的所有门类，但却力争从大处着眼、小处着手，考究了许多鲜见的内容。笔者怀着对故宫院藏织绣文物的热爱，本着以物证史、以史论物的理念，向读者细述故宫藏织绣文物细部的精彩和它背后的故事。文章所涉及的文物都曾是笔者经手保管的，多数曾经手展览、出版、拍照过，与它们相处几十载。因此，对这些文物非常熟悉，也有了感情，在此以写实为本，详尽介绍，希望能成为读者认知织绣文物的可靠资料。

众所周知，故宫文物品种浩如烟海，内涵广如穹隆，笔者学疏才浅，书中定有不周全之处，万望读者及业内同仁不吝指教！

殷安妮

2017年3月1日

图书在版编目（CIP）数据

故宫织绣的故事 / 殷安妮著. -- 北京 : 故宫出版社，2017.6（2022.7重印）
ISBN 978-7-5134-0986-5

Ⅰ. ①故… Ⅱ. ①殷… Ⅲ. ①纺织品－考古－研究－中国 Ⅳ. ①K876.94

中国版本图书馆CIP数据核字(2017)第066039号

故宫织绣的故事

殷安妮著

出 版 人：章宏伟
责任编辑：贺莎莎　伍容萱
装帧设计：赵　谦
责任印制：马静波　顾从辉
出版发行：故宫出版社
地址：北京市东城区景山前街4号　邮编：100009
电话：010-85007800　010-85007817
邮箱：ggcb@culturefc.cn
制　　版：北京印艺启航文化发展有限公司
印　　刷：北京启航东方印刷有限公司
开　　本：787毫米×1092毫米　1/16
印　　张：18.5
字　　数：200千字
版　　次：2017年6月第1版第1次印刷
2022年7月第1版第3次印刷
印　　数：8,001–13,000册
书　　号：ISBN 978-7-5134-0986-5
定　　价：76.00元